JN248547

時空を超えて江戸暮らし

不便ですてきな江戸の町

永井義男

柏書房

不便ですてきな江戸の町――目次

第一部　東京

第一章　発端

第二章　準備

第二部　江戸

第二章　裏長屋の生活

第三章　帰還へ

第一部
東京

第一章　発端

江戸へのタイムトラベルは極楽ツアーか？

このところ久しく鳴ることがなかっただけに、固定電話の音は室内にけたたましく鳴り響いた。

会沢竜真は急いで電話機に向かいながら、床に積まれていた本の山をひとつ、足にひっかけて崩してしまった。

自分では記憶力も体力も若いころと遜色ないと思っていたが、やはりちょっとしたときに敏捷性の衰えが露呈する。つま先の痛みをこらえながら、受話器を取った。

「はい、もしもし」

「夜分、申し訳ありません。会沢先生のお宅ですか」

「はい、そうですが」

「島辺国広と申します。おわかりでしょうか。先生の古文書解読講座を受講している者です」

会沢は日本近世史を専門とする研究者だが、大学を定年退職後、ＪＲ御茶ノ水駅の近くにあるカルチャースクールで講師をしていた。かつての代官所や名主の屋敷などで保存されていた手書きの書類、いわゆる地方文書を教材にして、文字の解読や用語の意味を教えるという講座で、定員二十名はいつもほぼ満員だった。

電話の相手は、その講座の受講生だった。三十前くらいの年齢で、がっしりした体格、どことなく愛嬌のある風貌と、話し好きの人柄が思い浮かぶ。

「はい、わかりますよ」

そう答えながらも、不審がつのった。

そもそも、島辺がどうして会沢の自宅の電話番号を知っているのか。個人情報の管理がきびしくなって以来、カルチャースクールの事務局はたとえ受講生から問い合わせがあっても、講師の住所や電話番号はけっして教えないはずである。

「じつは、至急、ご相談したいことがありまして。ぜひ先生に見ていただいて、ご判断いただきたい物があるのです。僕としては、こんな相談ができるのは先生しかいないものですから。突然で心苦しいのですが、ぜひ、お願いします」

その口調には興奮と切迫があった。

たんに相談というだけだったら、会沢も「次の授業のときに」と答えていたろう。しかし、見せたい物があるという言葉にやはり興味をそそられた。江戸時代の有名人の手紙などを入手したので、その真贋を見極めてほしいということだろうか。その内容が衝撃的というのだろうか。

それにしても、あまりに唐突である。近くにファストフードの店があったのを思い出し、彼がそこを待ち合わせ場所として指定しようとしたとき、島辺のほうから言った。

「じつは、喫茶店というわけにはいかないんですよ。人目を避けたいものですから。これから先生のお宅にうかがっていいでしょうか」

「これから？　ところで、いま、どこにいるの」

その問いに答えて、最寄りの私鉄の駅名を告げたあと、島辺が続けた。

「駅前からタクシーに乗るので、五分くらいで着くと思います。これからうかがってよろしいですか」

「マンションの場所を知ってるの？」

そう言いながら、会沢は背筋にヒヤリと冷たいものを感じた。電話番号どころか、住所も知っていることになる。

「はい、以前に、名刺をいただきましたから」

「ああ、そう言えば、そうだったね」

会沢は名刺を交換したのを思い出し、安堵（あんど）のため息をついた。そして、島辺が自宅に訪ねてくるのを承諾した。

古文書解読講座は奇数日の土曜の開講だったので、こうした講座にありがちな高齢者主体ではなく、島辺のような若い男も少なくなかった。

授業は二時間で、事務局からはあいだに十分程度のトイレ休憩を入れるよう言われていたが、禁煙する気のない会沢にはかっこうの喫煙タイムだった。煙草（たばこ）が吸える場所が極端に制限される傾向のなか、カルチャースクールが入居するビルも全館禁煙だったが、さいわい一カ所、喫煙室がもうけられていたのだ。

休憩時間を利用して、会沢は必ず煙草を吸いに出かけていた。受講生には喫煙者はほとんどいなかったが、喫煙室の常連が島辺だった。

喫煙室で講師と受講生が向き合い、あるいは隣り合って煙草を吸う。この機会を利用して島辺が雑多な質問をし、会沢が素っ気（そけ）なく、だが的確に答えていた。

あるとき、島辺が名刺を取り出した。

「いまは営業部にいるのですが、近いうちに単行本や新書の編集部に戻る予定です。そのときは、よろしくお願いします」

名刺に記されていたのは、会沢もよく知っている大手の出版社だった。

礼儀上、彼も自分の名刺を渡した。相手が出版社の社員だけに、いずれ仕事につながるかもしれないという期待もあった。

喫煙室で渡した会沢の名刺には、すでに大学教授の肩書はなく、ただ姓名と住所、自宅の電話番号、メールアドレスのみが記され、携帯電話の番号は載せていなかった。

「いちおう、着替えるかな」

会沢はつぶやき、自分のかっこうをながめた。

すでにシャワーを浴びたあとで、パジャマにカーディガンを羽織っていた。講師のときはスーツにネクタイ姿である。そんな姿を見慣れている島辺は、パジャマ姿に驚くかもしれない。

「この時間だからな。まあ、いいか」

ちょっとためらったあと、彼はパジャマ姿のままで応対することにした。来客といっても、とくに準備することはない。こういうとき、独り身はかえって気楽だった。茶の一杯も出さなくても、独り暮らしが言い訳になる。

現われた島辺の表情を見て、会沢はすぐに、いわゆる伊達（だて）や酔狂ではない、ただならぬものを感じ取った。

「どこでも、好きなところに座ってくれ」

リビングルームに案内しながら、カルチャースクールの講師と受講生の関係ではない、ぞんざいな物言いになっていた。大学時代の教授と学生の関係に近い。

リビングの床には本があふれかえり、まさに足の踏み場もなかった。向かい合ったソファーにも本が積まれていたが、島辺はようやくひとりが座れる隙間を見つけ、腰をおろした。そこは、日ごろ会沢がテレビを観るときの定位置だった。

「独り暮らしなんでね。何のおかまいもできないが」

そう言いながら、会沢は台所の冷蔵庫から缶ビール二本と、書斎から大きな灰皿を持参した。低いテーブルに積み重なっている本を横にずらすと、缶ビールと灰皿を置いた。自分もやはりソファーに積み重なっている本を移動させ、向かい合って座った。

島辺は「いただきます」と言うや、出されたビールをごくりと飲み、ふーっと大きな息を吐いた。かなり喉（のど）が渇いていたようだ。次に、煙草を取り出して火を付けると、ようやくひと息ついたようだった。

「お独りなんですか」

「家内は四年前に死んだ。子供はひとりいるが、とっくに巣立って海外で生活している。そんなことは、どうでもいいだろ。相談とは何だね」

「はい。では、まず、これを見ていただけますか。十二、三枚あります」

島辺はジャケットのポケットからスマホを取り出し、操作して画面に写真を出すと、目の前に示した。

会沢は紐(ひも)で胸に垂らしていた老眼鏡を鼻に掛けると、じっくり写真をながめた。

「ふうむ。十二、三枚あると言ったが」

「指先でスライドさせると、次の写真が出てきますが」

「私はスマホは使ってないので、やり方がわからない。いまだにジジババ用ケータイでね。世間ではガラケーとか呼んでいるようだが」

島辺は立ちあがると、会沢のそばまで来て、中腰で画面を操作して写真を次々と見せた。

途中、会沢が「おや？」と言った。

相手の興味を察し、「拡大もできますよ」と、島辺は写真を大きくしてやった。

すべての写真を見終わった。

会沢は黙って説明を待っている。

『どうせ日光江戸村で撮った写真だろ』なんて、言わないでくださいよ。いたずらや冗談ではないんです」

「じゃあ、いつ、どこで撮った写真なんだね」

「『いつ』は、きょうです。きょうの六時間程前。『どこ』は、わかりません。先生、タイムスリップやタイムトラベルを信じますか」

そう言うと、島辺は手の甲で額(ひたい)の汗をぬぐった。やや不安そうに、会沢を見つめている。

おもむろに煙草に火を付け、一服したあと、会沢は口をひらいた。

「宇宙の成り立ちや未来などを特集したテレビ番組をけっこう観るのだが、なかなか面白い。時間と空間の概念を根底からくつがえされる。もちろん、肝心の物理学や数学は理解できないけどね。アインシュタインの相対性理論でも、時間と空間は伸び縮みするという。これらのことを考えると、タイムスリップもあり得るかもしれない。とはいえ、理論的に可能というのと、生身の人間が体験できるというのは違うと思う。だから、タイムスリップを信じるとは言わないが、信じないとも言わない」

「それを聞いて、安心しました。一笑に付され、追い出されるかもしれないと案じていましたから」

「タイムスリップを経験したというのかね」

「まさに、そうなんです。聞いていただけますか」

「いいだろう。聞くだけは聞こう。聞く気になったのには、写真に理由がある」

「さきほど拡大した写真ですか。これですよね」

島辺がスマホを操作し、写真を出した。

木造の建物や人々の後ろ姿が写っていたなかで、その一枚だけは異質で、着物を着た女の子が背中に赤ん坊をおんぶしている写真だった。

女の子の小さな体からして、赤ん坊はかなり重いに違いない。やや滑稽（こっけい）にも見える構図だったが、女の子がせいぜい十歳を超えたくらいであろうと推察すると、いたいけな姿ともいえた。

「そう、子守だ。子供が多かった時代、商家などに下女（げじょ）奉公に出た女の子は、主人夫婦の赤ん坊の子守をさせられた。貧乏人の家では、姉が幼い妹や弟の子守をさせられた。都市部でも農山村でも、子守はありふれた光景だった。江戸時代を再現したテーマパークなどでは、たしかに江戸の町並みをよみがえらせ、着物を着た男女が行き交い、一見したところもっともらしいが、子守はいない。小学生の女の子に赤ん坊をおんぶさせ、歩かせるわけにはいかないからな。つまり、決定的にリアリズムが欠けている。ところが、この写真だ。子守がはっきり写っている。現代のテーマパークとは思えない」

「なるほど。さすが先生です。やはり先生に相談してよかった」

「まだ全面的に信じたわけではない。捏造（ねつぞう）や錯覚と判明したら、その時点で即打ち切りだ。ともかく、最初から話してみなさい」

「はい。台東区H町に親戚の家がありましてね。空き家になっていて、僕が管理を任されているのですよ」

島辺はビールで喉をうるおすと、話し始めた――

島辺国広は高校生まで長野県で過ごした。東京の大学に入学し、都内で暮らし始めた。

台東区に伯父夫婦が住んでいたので、上京してすぐ挨拶に行き、その後も時々、訪ねていた。古い木造家屋が密集する住宅街で、伯父夫婦が住んでいるのも、狭いながら庭のある戸建てだった。島辺にはふたりに会う機会を利用して、昭和の雰囲気が残る近所を歩くのが興味深かった。

二〇一一年三月十一日、三陸沖を震源とする東日本大震災が発生し、東京にも大きな被害が出た。その年の四月から就職することもあり、たまたま島辺は長野の実家に帰省していたため、東京で地震を体験することはなかった。東京に戻ってから、すぐに台東区の伯父夫婦の家を見舞った。

「生きた心地がしないとは、まさにあのことだよ。このあたりは震度5だったようだ」

伯父と伯母は口々に地震の恐怖を語った。

コップや皿が床に落ちてかなり壊れたほか、地震のあと家中のドアや襖があきにくくなったと言った。ゴルフボールを床に置くと、ゆっくり動き出す。あきらかに家が傾いていた。

しかし、耐震補強工事などをするつもりはないと言う。

「どうせ、ふたりとも先は長くないからね。いまさら、そんなこと無駄だよ」

「そうですよねぇ」

相槌を打ちながら、島辺はふたりが死んだら自分が土地を受け継ぐのだろうか、そうすれば更地にして売ると、いくらくらいになるだろうか、一帯の再開発が始まり大手不動産会社が買い取ってくれるといいな、など、いささか虫のいいことをぼんやりと考えていた。

その後、島辺が就職してから、伯父が死んだ。夫婦には子供がいなかったので、伯母は独り暮らしになった。長野の母から、「時々、様子を見に行ってあげて」と言われ、彼も休日を利用して伯母を訪ねるようになった。自然と伯母も甥(おい)を頼りにするようになる。

そうするうち、伯母が体調を崩し、入院してしまった。

「誰も住んでいないと家は荒れるから、時々、窓をあけて風を通すなどしてほしい」

そう頼まれ、鍵も渡された。

こうして、島辺は空き家の管理を任されたのである。

当初、家の掃除をしたり、庭の雑草を抜いたりしなければならないのかと考えると、ちょっとうんざりした。

だが、いざ始めてみると、空き家で半日を過ごすのは、何よりの気分転換となった。いささかの罪悪感を覚えつつも、押し入れのなかを調べたり、簞笥(たんす)の中身を調べたり、見つけたアルバムをめくってみたりするのは、わくわくするほどの面白さがあった。自分が秘密工作員にでもなった気分といおうか。

とくに、二階は興味深かった。年をとってからは、ふたりとも階段をのぼりおりするのが面倒なので一階だけで生活するようになり、二階はほとんど物置と化していた。

そして、きょう。

家のなかにはいると、まず一階と二階の窓やドア、襖などをすべてあけてまわった。そのあと、一階のダイニングキッチンで、途中のコンビニで買ってきた弁当と緑茶で昼食をすませた。

さて、掃除機でもかけるかなと立ちあがったとき、食器棚の横に引戸があるのに気付いた。

(あれ、こんなところに押し入れがあったかな)

引戸の表面が古びているため、壁と区別がつかなくなり、今まで気が付かなかったのだろうか。模様のある和紙が貼られていたが、所々紙がはがれて、内側の板がのぞいている。

島辺は引手に指をかけ、右に引いてみたがびくともしない。左に引いてみても同じである。もしやと思い、体重をかけて押してみたが、やはり微動だにしなかった。

拳で叩くとうつろな反響があり、引戸の向こう側には部屋が、少なくとも何らかの空間があるのは確実である。地震のあとドアや襖があきにくくなったという伯父の言葉を思い出した。

やや意地になり、島辺は包丁や食器のナイフなどを持ち出してくると、隙間に差し込み、いろいろと刃先を動かしてみた。

しばらくして、あらためて引手に手をかけて右に引くと、引戸がゆっくりと動き始めた。指先にかかる重みが痛いほどだったが、ようやく体がはいるくらいにひらいた。

向こう側は真っ暗だった。

真っ暗というより、暗黒と形容したほうがよかろうか。それにしても奇妙だった。ダイニングキッチンは天井の蛍光灯で照らされている。ところが、隣り合った部屋は真っ暗なのである。部屋のなかほどまで、少なくとも入口あたりまでは光が届くはずではあるまいか。

そのとき島辺は、光さえも吸い込まれたら出られなくなるという、宇宙のブラックホールを思い出した。途端に、足元から全身に冷気がこみあげてくる。思わず、ワーッと叫びそうになった。続いて、ハッと気付いた。

(なんだ、黒い壁紙が貼ってあるんだ)

自分の勘違いと臆病に苦笑した。

確認するため指先を近づける。自分でも恥ずかしいと思いながらも、手の動きはおずおずとしていた。ところが、いつまでたっても指先は硬い反発を感じない。その頼りなさは、まるで虚無のなかに指をいれているかのようだった。

次の瞬間、体が虚無に吸い込まれるのを感じた。


意識を取り戻したとき、島辺は草むらに尻餅(しりもち)をついていた。そばに小屋があったが、ホームセンターなどで売っている組み立て式の物置ではなく、彼が子供のころ農村で見かけた木造の小屋に近かった。周囲はまったく見覚えのない景色である。

最初に頭に浮かんだのは「遭難」だった。二〇一一年の地震で床下の地面に亀裂ができていたのを、いままで気付かなかったのではなかろうか。自分は穴に落ちて、離れた場所に転がり出てしまったのではなかろうか。

島辺はポケットのスマホを取り出し、一一九番に通報した。救助を要請するつもりだったのである。ところが、電話はまったく通じなかった。呆然とし、続いて冷たい汗が脇の下をツツーと伝って落ちた。

次に一一〇番通報をしたが、まったく通じない。長野の実家も同じだった。

（スマホが壊れた……）

通信手段を失ったことになる。心細さに涙が出そうだった。

そのとき、人々の叫び声が聞こえた。

島辺は立ちあがり、人声がする方に歩いて行った。

人家が建ち並んだ道に大勢の人が出ていて、みな同じ方向を見ている。騒ぎの理由はすぐにわかった。人々が注視している方向に白い煙があがり、時々、パッと炎が噴き出していた。火事だった。

すぐに異様さにも気付いた。多くの人々がいたが、男も女もみな着物を着ているのだ。しかも、男の頭には髷（まげ）があった。ひとりの男など、腰に刀を差していた。足元は多くは下駄や草鞋（わらじ）で、はだしの男も少なくない。

（タイムスリップした）

自分でも驚くほど、島辺はすんなり理解した。もちろん、タイムスリップを信じていたわけではない。あくまでSF小説や映画の作り事と思っていた。

ところが、いま自分が置かれている状況はタイムスリップとしか考えられない。

無意識のうちに島辺はスマホを構えていた。カシャと音を立て、カメラが機能した。壊れたはずのスマホだったが、カメラ機能はちゃんと作動したのである。

彼は夢中になり、目の前の家や人々を撮影した。頭のどこかで、「これでタイムスリップの証拠が得られる」と叫んでいた。

　そのとき、老人が自分を指さし、何やら怒鳴っているのに気付いた。言葉はよく聞き取れなかったが、「怪しいやつがいるぞ」と叫んでいるらしいことはわかった。

　島辺は胃を鷲摑(わしづか)みにされたような気分だった。恐怖に駆られ、踵(きびす)を返して走り出す。そのあとを、数人が追いかけてくるのがわかった。

　走りながら、追っ手の数が増えてくるのをひしひしと背中に感じる。足元は靴下(くつした)だけで、靴ははいていなかったので、足の裏が痛かったが、そんなことに頓着(とんちゃく)していられない。島辺はいまや必死だった。

　戸があいていたので、そこに飛び込んだ。薄暗いのでよくわからなかったが、土間のようだった。何かにぶつかりそうになり、思わず柱に手を突いてささえた。柱に紙切れが貼られていた。無意識のうちにそれをはがした。反対側の戸があいていて、明るい外が見えたので、そこから飛び出し、なおも懸命に走った。

　さきほどの小屋があった。尻餅をついた草むらのあたりまで行くと、板壁に暗黒があった。思い切って手を突っ込む――


　――語り終えると、島辺はすでにぬるくなった缶ビールを飲みほした。

　会沢は黙って立ちあがり今度は焼酎と氷、コップを持参すると、ふたたび向かい合って座った。

「そして現代に生還したというわけか」

「はい。気が付いたら、もとのダイニングキッチンにいました」

「穴はどうした。そのままか」

「そのとき念頭にあったのは、『追いかけてきた連中が穴から飛び出して来たらどうしよう』だけでした。とにかく防がないといけないと思いましてね。もう怖くて、怖くて。とりあえず食事用の大きなテーブルを倒し、押し当てて穴をふさぎました。火事場の馬鹿力とはこのことです。そのあと、手当たり次第に重くて大きい物を運んできて、テーブルが動かないようにしました」

「うむ、じつに信憑性がある。私は学生運動を経験した世代だから、教室をふさいだバリケードを思い出すね」

　会沢は島辺の形相と奮闘を想像し、クスリと笑った。

　島辺が口をとがらせた。

「そのときは必死だったんですから」

「すまん。ところで、肝心なのは、もしタイムスリップが本当だとして、いつの時代の、どこにタイムスリップしたのかという点だな。写真だけではとうてい判断できない」

「さっき、柱に貼られていた紙切れをはがしてきたと言いましたよね。これです。暦ではないでしょうか。すぐに暦と推理したのは、先生の授業を思い出したからなのです。それもあって、先生に電話したのですがね」

　島辺がポケットから取り出した紙には、右側に彩色した「おかめとひょっとこ」の絵があり、左側には、

乙　大　正　三　五　七　十　十二
酉　小　二　四　六　八　九　十一

と記されていた。

受け取った会沢はひと目見るなり、手のひらでパンと膝を打った。

「一カ月が三十日の大の月と、二十九日の小の月を示した、江戸時代の木版印刷の暦だな。裏を見ると、糊（のり）の跡がある。そうか……。よし、これでいつの時代か特定できるかもしれんぞ。ちょっと、待っててくれ」

勢いよく立ちあがった会沢は書斎に行くと、しばらくして数冊の本をかかえて戻ってきた。その表情は生き生きしている。

「まず手がかりは、暦にある乙酉（いつゆう）だ。『きのととり』とも読むがね」

「十干十二支（じっかんじゅうにし）ですね。先生の授業で説明してもらい、そのときは理解できたのですが、忘れました」

「習ったのを覚えているだけで、ましなほうだ。くわしい説明ははぶくが、干支（えと）、つまり十干十二支は六十年周期でめぐってくる。江戸時代はおよそ二百六十年続いたから、干支の乙酉は四回ほどあったことになるな。そこで、きみが撮影した写真が参考になる。人々の風俗からすると、江戸時代の中期以降と推定できる。そこで、この本の出番だ。じつに便利で、日ごろ愛用していてね」

持参した本のなかから、『図録 古文書入門事典』（若尾俊平編著、柏書房）を取り出した。「新旧暦対照表」の項をひらき、点検していく。

「うん、ここだ。文政（ぶんせい）八年、一八二五年が乙酉の年だ」

「しかし、その前の乙酉の年は一七六五年、明和（めいわ）二年。明和二年説も捨てきれないのではないですか」

「そこで、大小の月を調べる。この暦の大小は、新旧暦対照表の文政八年の大小とぴたり一致する。明和二年とは一致しない。よって、これは文政八年の暦だ。柱に貼ってあったのだから、使用中だ。きみは文政八年にタイムスリップしたと断定してよかろう。そういえば、火事だったと言ったな」

　会沢は『近世事件史年表』（明田鉄男著、雄山閣）の、文政八年の項を調べた。

「文政八年は、とくに大きな火事はなかったようだ。江戸では火事は日常茶飯事だったから、よほどの大火でないかぎり事件にはならない。よって、火事から月日を特定することはできないな」

「真夏でも真冬でもなかったのはたしかです。やや肌寒かった気がしますが」

「きょうは平成二十九年、二〇一七年二月二十六日、日曜日か。ほぼ季節も同じだったと判断するのが妥当な気もするが、そのあたりのタイムスリップの仕組みはよくわからんな」

「じゃあ、場所はどこだったのでしょうか。現在のダイニングキッチンの場所が、文政八年にはあの場所だったということでしょうか」

「そのあたりの仕組みや理屈も、よくわからんのだが」

　そう言いながら、会沢は大判の『復元・江戸情報地図』（朝日新聞社）と、分厚い『角川日本地名大辞典13東京都』（角川書店）を調べ始めた。

「下谷山崎町（したややまざきちょう）のあたりかもしれぬな。写真に山のようなものが写っていたが、寛永寺（かんえいじ）のある上野の山と考えると辻褄（つじつま）が合う。現在の台東区H町からはビルなどにさえぎられて上野の山は見えないだろうが、江戸時代なら見通せたはずだ。

幕末のころの地図によると、下谷山崎町は人家が建て込んでいたが、近くには寺院が多く、田畑もあった。文政八年も状況はほぼ同じであろう」

「ということは、僕は百九十二年昔にタイムスリップし、文政八年の下谷山崎町のあたりに瞬間移動したわけですね」

「そして、無事に現代に生還したことになるな」

言い終えると、会沢は黙って煙草に火を付けた。

島辺は無言のまま待っている。

ようやく会沢が口をひらいた。

「これから、どうするつもりなんだね」

「そこですよねぇ。じっくり考えねばならないのでしょうが、絶好のチャンスですからね。これを逃す手はないですよ。

とりあえず弊社が中心になって、調査隊を文政八年の江戸に送り込みたいですね。テレビ局に声をかけ、カメラマンを同行させます。もちろん、僕は隊員になります。隊長は先生にお願いしますよ。

スマホが通じなかったことから、江戸には現代の電波が届いていないことがわかります。ですから、テレビ中継はできませんね。現代に戻ってから、撮影してきた映像を発表することになるでしょうね。大反響を呼びますよ。版権等は弊社が独占したいところです。出発に先立ち、記者会見をひらくのもいいですね。記者会見の席にはぜひ、先生も出席してください。国内どころか、海外のメディアも詰めかけるかもしれません」

それまで黙って聞いていた会沢が煙草を灰皿に乱暴に押しつけ、憤然として言った。

「もう帰ってくれ。きみがそんな軽薄な男だとは知らなかった」

「すみません。半分冗談で、思い付きを言っただけです。本気じゃありません」

島辺があっさりあやまった。

なおも怒りがおさまらないのか、会沢はひしと相手を見すえ、きびしい声でまくし立てた。

「インカ帝国がわずかなスペイン人に滅ぼされたのは、きみも世界史の授業で習っただろう。きみは江戸を滅ぼす気か。どうせ約四十年後には徳川幕府は瓦解（がかい）してしまうのだが、文政八年の時点で江戸が大混乱におちいるぞ。それだけではない、たとえばイギリス人やフランス人だって、文政八年の江戸を経由して当時のヨーロッパに行きたいと願うだろう。そうなると、現代人が一八二五年の世界各地に押しかけ、収拾がつかなくなる。その後の日本はどうなる。いや、世界はどうなる。想像するだけで、身の毛がよだつ。現代社会も混乱するぞ。台東区H町一帯には国内外のメディアが押し寄せ、車も人も身動きがとれなくなるだろうな。伯母さんの家は二十四時間、カメラマンの監視下に置かれ、きみも仕事どころではなくなるぞ」

「おどかさないでくださいよ。もちろん、江戸を混乱させるつもりなど毛頭ありません。歴史を変えてはならないのは、タイムトラベルの鉄則ですから。ＳＦ小説や漫画の世界ですけど、現実でも守らねばなりませんよね。すみません、さきほどは失言でした」

島辺はしゅんとしている。

ようやく落ち着きを取り戻し、会沢が諄々（じゅんじゅん）と言った。

「きみは出版社員だから、会社としてタイムトラベルを企画したいという気持ちはわからんではない。むしろ、偉いといえよう。しかし、ことがことだ。当面、マスコミに知られるのだけは絶対に避けねばならない。もしマスコミに情報が漏れたら、その時点で、私はこの件からいっさい手を引く。いいね」

「わかりました。絶対に口外しません。でも、これからどうすればよいでしょうか」

「四、五日、考えさせてくれないか。次の休みの日、うちに来なさい。そのときに、私の考えを述べよう。もちろん、最終的に決めるのはきみだ。何といってもきみが第一発見者だし、最初の体験者だし、さらにブラックホールはきみが管理する家屋にあるのだからな。ただし、きみの決定次第で、私はいっさい手を引くよ。これは、あらかじめ言っておく」

「わかりました。次は、できるだけ早い時間にきます」

島辺は来たとき以上に深刻な表情になっている。

電話でタクシーを呼び、帰っていった。

江戸のカレンダー

江戸時代の暦は、月の満ち欠けを基準とする太陰暦（旧暦）だった。朔日（一日）が新月で月が満ち始め、十五日は満月となり、月末の晦日（二十九か三十日）は月が消える。

太陰暦では一カ月が三十日の大の月と、二十九日の小の月があった。実際には月の満ち欠けの周期は二十九・五日だが、二十九日と三十日で調節したのである。

現在、大晦日は十二月三十一日だが、太陰暦では年により十二月二十九日のときも、十二月三十日のときもあった。つまり、十二月三十一日は存在しなかった。

ただし、太陰暦は一年＝三百六十五日ではないため、次第にずれが生じ、季節と暦が合わなくなってくる。このずれを修正するため、数年に一度、閏月をもうけた。一年を十三カ月とすることで調整したのである。

図①は安政四年（一八五七）の暦で、

大の月　二月、五月、六月、八月、九月、十一月、

図①『大小暦帖』国会図書館蔵

十二月
小の月　正（一）月、三月、四月、閏五月、七月、十月
と、一年が十三カ月なのがわかる。

江戸のカレンダーでは、その月が大の月か小の月かを把握しているのが大切だった。そのため、暦は大小暦とも呼ばれた。

図②は、大坂で刊行された「嘉永六癸丑略暦」と「嘉永七甲寅略暦」で、大小の月を明示しているのがわかる。

傷みが激しいのが、日常生活の実用品だったことを示していよう。

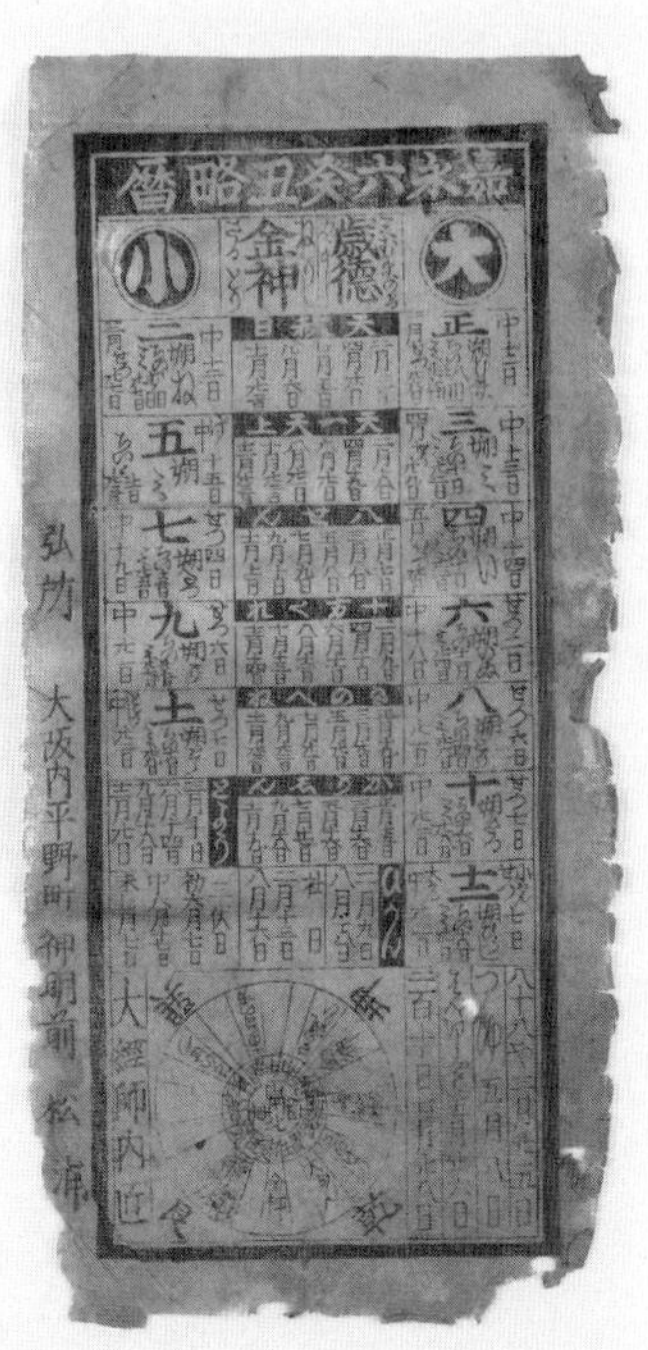

図②『略暦』国際日本文化研究センター蔵

江戸時代の時刻

江戸時代の不定時法

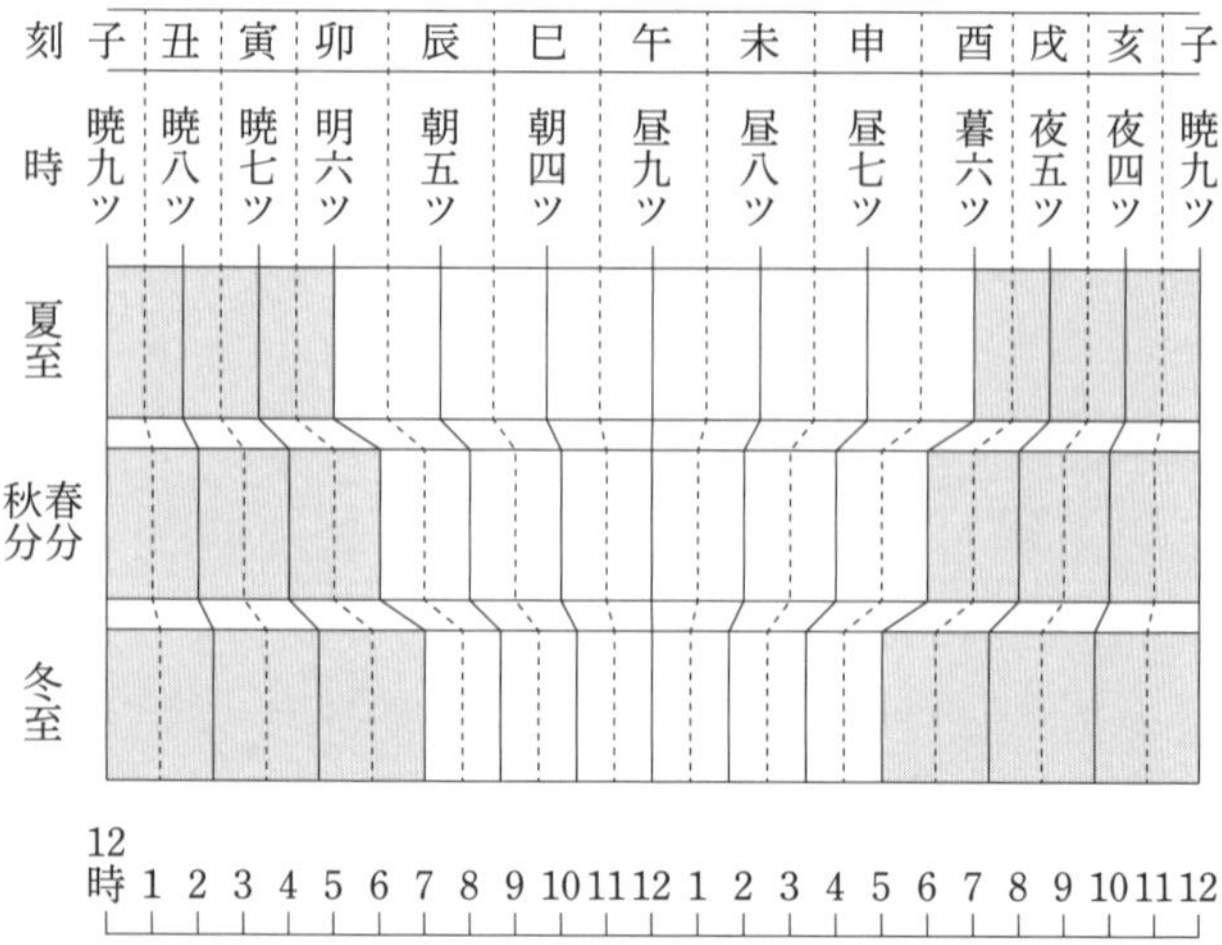

刻	子	丑	寅	卯	辰	巳	午	未	申	酉	戌	亥	子
時	暁九ツ	暁八ツ	暁七ツ	明六ツ	朝五ツ	朝四ツ	昼九ツ	昼八ツ	昼七ツ	暮六ツ	夜五ツ	夜四ツ	暁九ツ

夏至

春分秋分

冬至

12時 1 2 3 4 5 6 7 8 9 10 11 12 1 2 3 4 5 6 7 8 9 10 11 12

（『図録 古文書入門事典』若尾俊平編著、柏書房をもとに作成）

江戸時代の時刻法は不定時法だった。

夜明け（明六ツ）から日没（暮六ツ）までを六等分し、同様に夜間も六等分する。

季節によって昼の長さと夜の長さは変動するから、明六ツといっても夏と冬ではかなりの差が出る。図でわかるように、夏の明六ツは現在の午前五時ごろだが、冬の明六ツは午前七時ごろに当たる。

また、一時の長さも異なってくる。夏の昼間の一時は現在の約二・六時間だが、冬は約一・八時間である。

現在、時代小説などには、「明六ツ（午前六時）の鐘が響いた」「日が傾き、七ツ（午後四時）を告げる鐘が鳴った」などと書かれていることが多いが、明六ツ＝午前六時や七ツ＝午後四時とするのは間違いで、正確には、

明六ツ（夜明け）、七ツ（午後四時頃）

としなければならない。

第二章　準備

(一) ちょんまげではなくスキンヘッドが無難？

前回とは違い、リビングルームの向かい合ったふたつのソファーも、あいだの低いテーブルもきれいに片付いていた。その分、リビングの壁に積まれた本は高さが増していた。ソファーとテーブルに置いてあった本を移動させ、壁際に積みあげたのだ。

島辺国広の視線を察して、会沢竜真の方から言った。

「いろいろな資料を広げられるようにした。言葉通り、好きなところに座ってくれ」

ソファーに腰をおろすと、島辺は途中で買ってきた缶コーヒーをカバンから取り出した。

会沢は大きな灰皿を用意する。

「ここに来る前、朝方ですが、伯母(おば)の家に行ってみました。テーブルが動いた形跡はなく、まずもって異常なしです」

「あの日以来、家に行ったのは、きょうが初めてか」

「はい。毎日、気にはなっていたので、仕事を終えたあとで寄ってみようかと思わないわけではなかったのですが、夜、ひとりであの家にはいるのは、何だか気味が悪くて」

「そうだろうな。まず確認したい。誰にもしゃべってないな」

「はい。この世で知っているのは、僕と先生だけです」

「よし。では、始めようか」

会沢が煙草をくわえた。

つられるように、島辺も煙草に火を付ける。

フーッと大きく煙を吐き出したあと、会沢が言った。

「結論から述べよう。私は文政八年の江戸に行ってみたいと思う」

「先生が行くのなら、僕も一緒に行きますよ」

「そうか、よし。では、ふたりで行くという方向で計画しよう。ただし、今度は長時間、できれば二、三日滞在し、江戸の生活を体験したい」

「僕もそうしたいですね。前回はなにしろ突発事態だったので、あわてふためいてしまいましたから」

「となると、事前に確認しておきたい。きみは独身のようだが、恋人はいるのか」

「いません。恋人いない歴は、えーと」

「そんなことはどうでもいい。親御さんは別として、きみがこの世から消えても、悲しむ人間は少ないな。私の場合は知っての通りで、行方不明になったからといって路頭に迷う人間はいない」

「恐ろしいことを言わないでくださいよ。まるで、もう現代に戻ってこれないかのようではありませんか」

「最悪の事態も想定しておくべきだと言っている。つらつら考えたが、きみはあくまで運がよかったのだぞ。奇跡といってもよいくらいの幸運だった。一歩間違っていたらと想像すると、背筋が寒くなる」

「一歩間違っていたら、といいますと？」

「たとえば、百年後の日本人が現代にタイムスリップし、東京・渋谷のスクランブル交差点を歩いていたらどうだろうか。顔立ちも服装も所持品も、現代人とはかなり異なっているはずだ。しかし、現代人はチラチラと好奇の視線を向けるかもしれないが、さほど気にはしない。コスプレの一種と解釈する人もいるだろうし、外国人と思う人もいるだろうな。べつに騒動にはならないし、警察に通報する人もいない。

ところが、現代人が現在の服装で江戸にタイムスリップすれば、確実に怪しまれる。先日、きみは危ういところで虎口を脱したわけだが、もし捕らえられていたらどうなっていただろうか。おそらく、寄ってたかって町内の自身番(じしんばん)に連行されていただろうな。それから町奉行所(まちぶぎょうしょ)の同心(どうしん)に引き渡され、取り調べを受ける。乱心とみなされれば、まだいい。キリシタンや異人の手先と誤解されたら悲惨だぞ。拷問(ごうもん)され、あげくは獄門(ごくもん)」

「ひえー、やめてください。もう、僕は行きません」

島辺が悲鳴をあげた。

その顔は真っ青になっている。

会沢が真面目(まじめ)な顔で続けた。

「そんな最悪の事態を避けるために、周到な準備をしなければならないということだ。私の言ったことはけっして大げさではない。ただし、私が一緒なら、おそらく大きなぼろは出さずにすむだろう。大船に乗った気でいなさい」

「先生を信じますけどね。周到な準備とは、どんな準備ですか」

「先日以来、考え続け、紙に書き出した。それにもとづいて説明するが、その前にちょっと休憩して、昼飯を食いに行こう。私もこの件で部屋にこもりっぱなしだったから、外の空気が吸いたい」

島辺も賛成した。ここは気分転換が必要だった。

外出の準備をしながら、会沢が言った。

「今度、江戸に着いたら、どこか行きたいところはあるかね」

「僕はまず、吉原(よしわら)に行ってみたいですね。駄目ですか」

「べつに照れる必要はない。『もし江戸にタイムスリップできたら、どこに行ってみたいですか』という質問をしたら、男女を問わず第一位は吉原だったという調査結果がある。きみの願望は正常だ」

「先生にノーマルと保証されても、あまり嬉(うれ)しくはありませんが。じゃあ、先生はどこに行きたいのですか」

「私は本屋に行きたいね。いまでは題名が知られるだけで、伝わっていない文献が少なくない。そんな本をごっそり買い集めたい」

「やはり学者なんですね」

「ただの趣味だよ。未発見の文献を現代に持ち帰っても、日本史の記述はおそらく何も変わらないだろうな。まあ、そんなもんだ。本屋と吉原のどちらかを選択しなければならない状況になれば、吉原を優先させよう」

「そうですか。吉原の花魁と遊んだなんて、人に自慢できますよ。あ、いけない、人に自慢してはいけないんでしたよね」

島辺も元気を取り戻していた。

ふたりは昼食のために、いったん外に出た。


昼食から戻り、ソファーに座を占めると、会沢がびっしりと書き込まれた紙を広げた。

「第一が、『衣』だな。江戸の町を歩いても怪しまれない衣装となると、やはり和服だ。きみは、着物を着たことはあるか」

「温泉旅館で浴衣を着たくらいですかね。結婚式では、新郎として羽織袴もいいかなと思っているんですが」

江戸へ行くと決まり、島辺は浮き浮きしていた。頭には依然として吉原があるのかもしれない。

会沢の口調はきびしかった。

「きみは、和服の経験は事実上ゼロだな。私も、日常生活で着物を着ていないという意味では、似たようなものだが。ふたりの着物は、古着を売る店があるので、そこでほぼ調達できると思う。着付けや帯の結び方は稽古しておいたほうがよい。問題は頭だ」

「そういえば、江戸時代はちょんまげですよね」

「これはかなりの難問でね。当時の衣装や髪形は身分制とも密接に関連しているから、なおさら厄介だ。そこで、考えた末、もっとも無難な方法として、医者の師弟をよそおうことにしたい。私は長崎で修業した蘭方医、きみは弟子でお供というわけだ。これだと、多少のぼろを出しても誤魔化せる」

「師弟関係だと、自然かもしれませんね。いいでしょう。で、衣装や髪形はどうするのですか」

「医者は黒羽織で、腰に脇差を差すのが一般的だ。弟子は木綿の着物でよかろう。足元は草履か下駄だが、これも買えばいい。ここまではどうにかなる。問題は頭だ。医者はたいてい剃髪だからな」

「剃髪ってことは、頭をつるつるに剃るのですか。スキンヘッドは勘弁してくださいよ。現代に戻っても、髪の毛はすぐには元に戻らないでしょう」

「いま、スキンヘッドの若い男はさほど珍しくあるまい。外を歩くときは野球帽でもかぶればいい。とにかく、散髪屋で頭を剃ってもらいなさい。私も剃るから」

「でも、会社がなぁ」

島辺はしきりに髪をいじっている。やはり、会社での評判が気になるようだ。

いっさいかまわず、会沢が続けた。

「次に眼鏡だ。私は老眼鏡が手放せないが、江戸時代はすでに老眼鏡は普及していたから、さほど問題にならない。あしたにでも眼鏡屋に行き、江戸でも通用するような形のものを作ってもらう。きみは、目はいいのか」

「コンタクトレンズをしています。これがないと、僕はほぼ生活無能力者です」

「やむを得んな。装着と取りはずしのときに注意しさえすれば、まあ、いいだろう。

さて、二番目は言葉だ」

「それは任せてください。僕は落語が好きで、江戸っ子の出てくる古典落語はよく聞いているので、江戸弁はけっこう得意なんですよ。『大工調べ』の威勢のいい啖呵(たんか)を、ちょっとやってみましょうか」

俄然(がぜん)、島辺が勢いづいた。

これから『大工調べ』の、大工の棟梁を演じかねない。

会沢は渋い顔をして、用意していた『浮世風呂(うきよぶろ)』（新日本古典文学大系、岩波書店）をテーブルに置いた。

「そういう愚かなことを言うのではないかと、じつは案じていた」

「え、愚かなんですか」

「落語家がしゃべっているのは、江戸の雰囲気を出した現代語だ。さもないと、現代人にはチンプンカンプンだからな。現代語を江戸弁と錯覚させるところが、落語家の芸といえば芸かも知れぬが。式亭三馬(しきていさんば)の戯作(げさく)『浮世床(うきよどこ)』や『浮世風呂』に、当時の実際の会話が活写されている。では、『浮世風呂』から出題しようか。私がしゃべってみるぞ。アクセントはちょっと違っているかもしれんが。

こうこう、よんべはおかたじけ。あのまあ、おらがうちをききねえな。しだらもなくよってきての、とぼぐちをまたぐがはええか、でえのじにふんぞべって、

「どうだね、耳で聞いて意味がわかるか」

「さっぱり、わかりません」

「そうだろう。だが、漢字を見るとほぼわかるはずだ」

会沢が本のなかの該当箇所を示した。

コウ〳〵、昨夜はお忝け。あのまア、おらが内を聞ねへナ。しだらもなく酔てきての、とぼ口をまたぐが早か、大の字に踏ぞべつて、

「なるほど、なんとなく意味はわかります」

「女湯で、女房が亭主の愚痴をこぼしている場面だ。このように、実際の江戸弁は落語の江戸弁とは似ても似つかない。なまじ現代人が江戸弁を気取ってしゃべれば、かえって馬脚をあらわす。だから、地方から江戸に出てきた人をよそおい、『ございます』式の、丁寧な物言いをするのがよい。そうすると、向こうもわかりやすい、丁寧な物言いで応じてくれるはずだ。ともかく、この本を貸すので、読んで江戸弁に慣れなさい。『浮世風呂』は文化六年から十年にかけて刊行さ

れた。文政八年の江戸弁と同じと見てよい」

島辺は本を受け取りながら、

「わかりました。しゃべるときも、けっこう気を使わないといけませんね」

と、表情を引き締めた。

「江戸でも、私は会沢竜真と名乗ろう。さいわい、医師らしい名だからな。きみは、国広は不自然だから、国蔵（くにぞう）としよう。また、きみが私を呼ぶときは先生でよかろう。私がきみを呼ぶときは、『てめえ』だ」

「ちょっと待ってください。国蔵はともかく、『てめえ』はひどいでしょう。罵倒（ばとう）されているみたいですよ。せめて、『おまえ』にしてください」

「江戸では『おまえ』は敬称だ。妻が夫を、子供が親を『おまえ』と呼ぶ。主人が奉公人を呼ぶときは『てめえ』だ」

「そうなんですか。じゃあ、仕方ないですね」

「さて、第三が金だ。『先だつものは金』で、江戸に行っても金がなければ身動きが取れない」

「じつは、僕もそれは考えていました。通販で、こういう物を見つけたんですよ」

待ってましたとばかり、島辺が顔をほころばせた。やおら、カバンからパンフレットを取り出す。そこには、
レプリカ慶長（けいちょう）小判　二十五両包金（三包）　５０４００円
■数量　25両（枚）×3

■小判サイズ（1枚）幅40×高さ75㎜
■重量（1枚）約21g
■材質　真鍮
■加工　純金メッキ

現在の貨幣に換算すると七百五十万円にも相当する！

と書かれていて、小判二十五枚を一包みにして、三つ重ねた写真も載っていた。小判は金色に燦然と輝いている。

「五万四百円で七十五両、七百五十万円相当をゲットですよ。七十五両あれば、豪勢な江戸体験ができるのでは？」

島辺は満面に笑みを浮かべている。

一瞬、会沢は唖然とした表情になった。続いて、笑い出した。

「おいおい、レプリカの小判だろうが。真鍮に金メッキをした、要するに贋金だ。うっかりそんな物を江戸で使えば、すぐに見破られるぞ。町奉行所に召し捕られて、それこそ獄門だ」

「また獄門ですか。まいったな。じゃあ、どうしましょう」

「コインショップというのかな、古銭商の店で、文政八年当時に通用していたコインを買い集めるしかない。そのほかにも買いそろえたい品があるが、それをリストにまとめたのがこれだ」

会沢が購入品の一覧表を示した。

品目をながめながら、島辺の表情が曇る。

「これだけ買いそろえるとなると、かなりの金がかかりますよ」

「もちろん承知しているが、きみには負担をかけないから安心してくれ。私はけっして裕福とはいえないが、老後の資金として、それなりの預貯金がある。それを引き出して使うつもりだ。ただし、ひとつ、きみに了承しておいてほしいことがある。私はけっして金儲けをするつもりはないのだが、出発の準備に使った金額くらいは取り戻したい」

「それはそうですね」

「そこで考えたのが、江戸で浮世絵を買い求め、現代に戻ってから売るというアイデアだ。江戸では浮世絵一枚は、現在の週刊誌一冊くらいの金銭感覚で買えた。それが現代では、数万から数十万円になる。さいわい、神田神保町に長い付き合いの古本屋が数軒あるので、そこで目立たないよう、少しずつ売ろうと思っている。どうだろうか」

「いいですね。僕もアイデアが浮かびましたよ。江戸で春画や、張形などの性具を買い集めたいですね。現代に戻ってから、弊社で本にします」

「うむ、いい企画だと思う。しかし、資料の入手先はどう説明するつもりだね」

「元華族の家から出たが、皇室ともつながりのある家柄なので、名前は出せない、というのはどうでしょう。そのときは、先生に監修をお願いしますよ」

「了解だ。うむ、ふたりで有意義かつ愉快な江戸体験ができそうだな。では、前祝いをしよう」

会沢が冷蔵庫から缶ビールを出してくる。

その後、ふたりの話は大いに盛りあがった。

江戸の通貨制度

江戸時代の通貨制度は複雑で、金貨、銀貨、銭（銅）貨があり、次のような独立した別の体系だった。

金貨　一両＝四分＝一六朱
銀貨　一匁＝一〇分　一貫＝一〇〇〇匁
銭貨　一貫文＝一〇〇〇文

これら三貨間の換算率も一定ではなく、文政八年（一八二五）の江戸の相場で、「金一両＝銀六三・九〇〜六五・九〇匁＝銭六五三五〜六六五〇文」だった。換算率は日々変化するため、円とドルとユーロが変動相場制で同時に通用しているようなものである。

なお、三貨が併存していたとはいえ、庶民が日々に使うのは銭貨が主体だった。また、商店でも、一両小判などの金貨で買い物をされたら、とてもおつりが出せない。金貨を持つ買い物客は、あらかじめ銭貨に両替しておく必要があった。

そこで、両替屋の出番となる。ただし、両替屋にも二種類あった。

本両替と呼ばれるのは金貨や銀貨をおもに扱い、

図①『逢見茶娵入小袖』（墨川亭雪麿著、文政11年）国会図書館蔵

手形や為替などの業務もおこない、現在の銀行に近い存在だった。図①は本両替で、かなりの大店である。

いっぽうの銭両替（脇両替）はたいてい小売業を兼ねていて、金・銀貨と銭貨の両替をおこない、切賃（手数料）を取った。図②は銭両替で、庶民はもっぱらこうした両替屋を利用した。

なお、両替屋には天秤が必須だったが、銀貨は目方で価値が決まる秤量貨幣だったからである。銀貨の単位の匁は、重量の単位そのもので、一匁＝約三・七五グラムだった。

図②『宝船桂帆柱』（十返舎一九著、文政10年）国会図書館蔵

では、旅のときはどうしたのだろうか。たとえば江戸から大坂まで旅をする場合、途中で使用するのはたいてい銭貨である。しかし、銭貨で持参すればかさばり、重くなる。そのため、路用は金貨や銀貨で用意し、必要に応じて銭貨に両替して使った。

こうした需要に応じるため、旅籠屋では両替業務をおこなっていたし、街道の茶店などでも少額の両替に応じた。

江戸時代、両替屋はなくてはならない存在だった。

（二）コインショップとドラッグストアで準備万端

次に島辺国広が打ち合わせに訪れたとき、マンションの部屋には数多くの品物が集められていた。

会沢竜真はすでに縞の着物に黒羽織、腰には脇差を差すといういでたちで、悠揚迫らざる雰囲気をただよわせている。

ひと目見るなり、島辺が言った。

「刀を差すとかっこいいですね。本物ですか」

「模擬刀だよ。本物の刀なんか差すと、自分の方が怖いからな」

そう言いながら、会沢がかぶっていた丸頭巾を取り、剃りあげた頭を見せた。

「すでに剃髪したぞ。きみは、いつ剃るつもりだ」

「まだ会社に行っていますからね。直前まで待ってくださいよ」

「往生際が悪いな。それより、着物を用意したので、試着してみなさい。洋服と違い、和服はサイズの融通が利くのがいい」

着物の試着を勧めたあと、本を開いて絵を見せた（52、53ページ参照）。

「これは『道中風俗』と標題がある。当時、老若男女はこういういでたちをして旅をしていたわけだ。我々も、こうした人々に溶け込むようにしなければならん」

「当時の風俗はわかりましたが、肝心なのは現在の僕ですよ。ちょっと着物の丈が短いんじゃないですか。ちんちくりんですよ」

島辺はむき出しになった自分の脛を見ながら、やや不満そうだった。

こともなげに会沢が言った。

「どうせ尻っ端折りをするのだから、それでかまわん」

「尻っ端折りって、どうやるんですか」

「『しりからげ』とも言うがね。着物の裾を外側に折って、帯のあいだにはさむ。武家屋敷の中間や商家の下男、出職の職人、行商の商人など、屋外で労働に従事する男はみな尻っ端折りをしていた。着物のままだと、裾がからまって動きにくいからな。きみは医師会沢竜真の弟子で、荷物持ちの国蔵という役回りだから、尻っ端折りをするのがふさわしい」

言われた通りに尻っ端折りをした島辺だが、さらに不満を述べる。臙脂色の格子柄のトランクスがのぞいていたのだ。

「これじゃあ、下着が丸見えですよ」

「おいおい、パンツをはいてどうする。それにしても派手なパンツだな。そんなものが見えたら、たちまち怪しまれるぞ。江戸では下着は、男はふんどし、女は湯文字ときまっておる。湯文字は腰巻ともいうがね」

「えっ、ふんどしをするんですか」

島辺が驚き、続いて情けなさそうな顔になった。

会沢が着物の裾をめくってみせた。

「見なさい、私もふんどしをしている。身が引き締まる気がして、なかなかいいもんだぞ」

「まいったな。まさか自分がふんどしをするなど、想像すらしたことがありませんでしたよ」

渋々ながらトランクスを脱ぎ、会沢が用意した白木綿のふんどしを締めた。

弟子のかっこうになったあと、あらためて自分の下半身をながめ、ぼやく。

「尻っ端折りだと、ふんどしの盛りあがりがもろですよ。人に見られたら恥ずかしいじゃないですか」

「当時は、それがごく普通だ。誰も気にしない。駕籠かきの人足など、身に着けているのはふんどしだけの裸、というのも珍しくない。さきほど見せた『道中風俗』にも、ふんどしだけの男が描かれていたろう。尻をむき出し、陰茎と陰嚢の盛りあがりを見せて歩いていたわけだ。きみもすぐに慣れるさ。股座が蒸れず、睾丸も適度に冷却されるから、かえって健康にいいぞ」

「ひとごとだと思って、適当なことを言わないでくださいよ」

島辺が怒って言い返す。やはり、尻っ端折りのかっこうに居心地が悪そうだった。

「古道具屋で煙管を買っておいた。これは、きみの分だ」

「ほう、時代劇や漫画で見たことはありますけどね」

やや機嫌を直し、島辺が興味深そうに煙管を手に取った。

会沢がフィルター付きの煙草をほぐし、葉を煙管に詰めた。ライターで火を付け、一服する。

「江戸に着いたら、刻み煙草を買おう。いまは、こうして代用するしかない」

「僕もためしてみましょう。それにしても、江戸の煙草はどんな味がするんでしょうね」

「おそらく、まずいだろうな」

「え、まずいんですか？」

「煙草にかぎらず商品は年々、品質が向上している。逆に時代をさかのぼれば、品質はだんだん低下する理屈じゃないか」

「理屈はそうですけどね。しかし、それだと夢がなくなりますよ」

島辺がゴホゴホとせき込んだ。

煙管に慣れるまでは、まだ時間がかかりそうだった。


「さて、次は江戸に持っていく軍資金だが」

その会沢の言葉に応じて、島辺がカバンから古銭を取り出した。

「天保通宝（てんぽうつうほう）を持っていたのを思い出しましてね。長野の実家にあったのをもらって、なんとなく持っていたのですよ。天保通宝は百文ですよね。これを使ってみたいのです」

「天保の世になってから作られたので天保通宝という。我々が行く文政八年の江戸ではまだ通用していない」

「あ、そうなんですか。すると、うっかり天保通宝を出したりすると、獄門ですか」

「まあ、そうだな」

そう言いながら、会沢がかたわらに置いてあったショルダーバッグをテーブルに置いた。かなり重そうである。なかから大量の古銭を取り出す。

「都内のコインショップを何軒かまわり、買い集めた。まず、これが寛永通宝だ。額面は一文。江戸時代を通じて使用された、庶民の通貨だ。寛永通宝は大量に残っているため、よほどの珍品は別として、一枚五十円から百円で買える」

紐に穴あきのコインをびっしりと通したものを一本、どさりとテーブルの上に置いた。

「銭緡という紐に寛永通宝百枚を通し、一本という。一本が百文ということになるな。ただし、一本は実際には九十六文しかなく、これを俗に九六銭といった」

「四枚足りないわけですか。ごまかしじゃないですか」

「江戸の習慣だったのだから、仕方がない。九十六文が百文として通用したわけだ」

「妙な習慣ですね。けっきょく、誰にとって得だったのでしょうね」

島辺国広は銭緡に通された寛永通宝を手に取り、不思議そうに首をひねっている。

やはり穴あきのコインを会沢が両手に盛り、テーブルの上にざらざらと置いた。

「これも寛永通宝だが、額面は四文だ。裏返すと、波の形がある。そのため、四文銭のことを波銭といった」

「裏を見て判断するわけですか。しかし、一文銭にしても四文銭にしても、数がまとまるとかなり重いですね」

「庶民が買い物をしたり、飲み食いをしたりするときの代金は、たいてい一文銭か四文銭を数えて渡せばこと足りた。我々が江戸で使うのも、もっぱら一文銭か四文銭になると思うが、滞在が数日になると、総額は二千文とか四千文とかになろう。寛永通宝一枚の重さは三グラム強かな」

「とすると、四千文を波銭で用意すると、重さは三キロを超えますよ。一文銭だと十二キロ。とても財布にははいりませんよ」

「だから、高額の金貨で持っていき、必要に応じて一文銭や四文銭に両替する。これは、江戸時代の人も旅をするときなどは同じだった。我々は江戸の知恵に学ぶわけだ」

会沢が買いそろえた小判、二分(ぶ)金、一分金、南鐐二朱銀(なんりょうにしゅぎん)などをテーブルに並べた。

さっそく島辺が小判を手に取った。

「ほう、これが小判ですか。手にするのは初めてです」

「それは、文政二年（一八一九）から発行された文政小判だ。一枚が十七万五千円だった。二分金が七万五千円、一分金が一万八千円、南鐐二朱銀が一万二千円した」

「えっ、そんなに高いんですか」

「骨董品の値段だからな。そのため、物価比較の基準に使うと間違ってしまう。つまり、文政八年の一両がいまの十七万五千円に相当するわけではない。先日のパンフレットに出ていた慶長小判など希少なので、本物は百万円以上するぞ。コインショップで見たが、保存状態のよい慶長小判には三百万円以上の値がついていた」

「となると、小判をたくさん買い込み、持っていくわけにもいきませんね」

「文政八年当時、金一両は銭に換算すると六千五百三十五から六千六百五十文くらいだな」

会沢がメモを見ながら説明した。

手のひらに小判を載せたまま、島辺がすぐに暗算した。

「すると、この小判一枚は、銭緡に通した百枚の一文銭を、およそ六十六本持っていくのと同じ。たしかに小判で持っていくのは便利ですね」

「だが、どこで、いつ両替するかが問題でね。まあ、これは実際に江戸に行ってみなければわからないのだが。とにかく、ある程度の金さえあれば、どうにかなるだろう。金がなくなった時点で、現代に戻るしかない」

「次は薬だ。一カ所で買い込むと誤解されかねないので、あちこちのドラッグストアに行き、買い集めた。おかげで、ポイントがだいぶたまったよ」

会沢竜真が別なカバンを広げた。

なかには各種市販薬が詰め込まれている。

「ふと思ったのだが、もし私が犯罪に巻き込まれたら、警察はまず防犯カメラの映像を確認する。ドラッグストアのあちこちの支店で私が薬を買い込んでいる映像を見て、きっと警察は疑惑を深めるだろうな」

「そうかもしれません。それにしても、目薬と胃腸の薬が多いですね。こんなに必要ですか」

島辺がちょっとあきれたように言った。

会沢が『江戸 病草紙』(立川昭二著、ちくま学芸文庫)を取り出した。

「この本に、江戸の疾病のランキングが出ている。それによると、
第一位　眼病、第二位　疝気(せんき)、第三位　疱瘡(ほうそう)、第四位　食傷、第五位　歯痛、第六位　風邪(かぜ)、

第七位　瘡毒(そうどく)、第八位　痔(じ)、第九位　癪(しゃく)、第十位　精神病

となっている。

眼病が一番多い。当時の漢方薬では、細菌性の眼病を治すのは難しかったであろう。現代の抗菌目薬なら、おそらく一滴で完治するはずだ。人助けになるのはもちろんだが、医者をよそおう以上、そういう準備もしておかぬとな。私は長崎で修業をした蘭方医というふれこみだぞ」

「なるほど。でも、第二位の疝気と第九位の癪は何ですかね」

「当時、下腹部の激痛を疝気や癪と呼んだようだ。このことは、『江戸の糞尿学(ふんにょうがく)』（作品社）にくわしく出ているが、要するに原因は寄生虫だったようだな。そのあたりの事情は、文政八年の江戸に行ってみればわかるだろうよ」

「胃腸薬とか下痢止めがたくさんありますが」

「それも、実際に江戸を体験するとわかると思うのだが。現在、ある国や地域に旅行しようとする人がいると、経験者がこういう助言をする。

『現地では、絶対に生水を飲んではいけないよ』

ところが、うっかり水を飲んでしまい、ひどい下痢に苦しむ人は多い」

「はい、知ってます。僕の友人に東南アジアを旅行中、うっかり生水を飲んで猛烈な下痢をし、死ぬかと思ったという男がいます」

「そこだよ。現地の人は平気で生水を飲んでいる。ところが、日本人が同じ生水を飲むと下痢をする。これは衛生水準が隔絶し、日本人に免疫(めんえき)がないからだ。同じことが平成二十九年の日本と

文政八年の日本でも言える。現代の日本人が江戸で飲み食いをすると、確実に下痢をするだろうな。へたをすると、食中毒でのたうちまわるかもしれない。それを予防するためだ」

「僕としては江戸の美味を体験してみたかったのですがね。先生の話を聞いていると、なんとなく気持ちがしぼんできますよ。もっと江戸への期待が高まるような話をしてください」

「べつにきみの期待に水を差すつもりはないが、おたがい無事に現代に帰還したいだろう。そのための予防措置と思ってくれ」

島辺はいちおう「はい」と返事をし、疾病の順位をながめている。

会沢が口調を変えた。

「きみは吉原に行ってみたいと言っていたな。それなら、コンドームを用意すべきだぞ。薬のついでにコンドームも買おうと思ったのだが、さすがにこの歳（とし）になると、レジの女性に見られるのが恥ずかしくてね。使用予定分のコンドームは、自分で買ってくれよ」

「コンドームを持っていくんですか」

「コンドームは避妊具であると同時に、性病の予防具でもある。江戸時代、コンドームはないから、いわゆる『ナマ』でセックスをしていた。その結果、望まぬ妊娠が多かったのはもちろん、梅毒（ばいどく）や淋病（りんびょう）などの性病も蔓延（まんえん）していた。とくに不特定多数の男とセックスをする遊女は、吉原であれ岡場所であれ、ほぼ百パーセントの確率で性病に感染していた。その結果、遊女とセックスをすれば性病に罹患（りかん）する確率は高い。こうして遊女が媒介になり、社会に性病が蔓延していった。疾病の第七位に瘡毒とあるだろう。瘡毒は梅毒のことだ」

「もう吉原に行くのはやめます。梅毒には罹りたくないですよ」

島辺はがっくりと力を落とし、幻滅した様子である。

笑い出しながら、会沢が言った。

「行けばいいさ。きちんとコンドームさえ使えば、性病は防げる。せっかくだから、私も吉原には行きたいと思っている。ただし、私の場合は遊女に添い寝してもらうだけなので、コンドームは必要ないがね」

「でも、ペニスにコンドームをかぶせていたら、変に思われませんかね」

心配そうに島辺が言った。

会沢はニヤニヤしている。

「そのあたりは臨機応変、相手に見えないように素早く装着すればいいだろう。性具の『肥後ずいき』のたぐいと誤解され、いやがられるかもしれんが。ともかく、吉原の花魁を体験してみることだ。さて、これで準備はほぼできた。あとは出発の日取りをきめなければな」

「僕は五日間の休暇をとることにします。土日と合わせ、一週間の余裕があります」

「私はしばらく海外旅行に出かけると称している。私の年齢になると、ちょっと連絡が取れなくなると、すぐに孤独死の心配をする人がいるからな」

その後、ふたりの打ち合わせが続いた。

旅のよそおい

図①『東海道風景図会』（歌川広重、嘉永４年頃）国会図書館蔵

東海道を行き交う人々の姿が描かれている。それぞれ上の右から左、下の右から左の順に（一部の平仮名を漢字に直した）。

図①道中風俗

旅僧、行脚、武家、早宿次、按摩、旅商人、比丘尼、留女（客引き）、飯盛（宿場の遊女）、飛脚、雲助（駕籠人足）、一人旅、虚無僧、田舎同者、道場廻り（寺廻り）。

図②其二

宿引、帰り馬、遊山旅、宿駕籠（宿場の駕籠）、田舎医者、売薬、おぢゃれ（客引き）、瞽女、六部、金比羅参り、抜け参り、巡礼、三宝荒神。

江戸時代の旅は歩くのが基本である。一日（約八時間）に男は十里（約四十キロ）、女子供の足弱は八里（約三十一キロ）を歩くのが標準だった。旅がいかに大変だったかがわかるが、逆に現在よりも簡単で、のんきな面もあった。

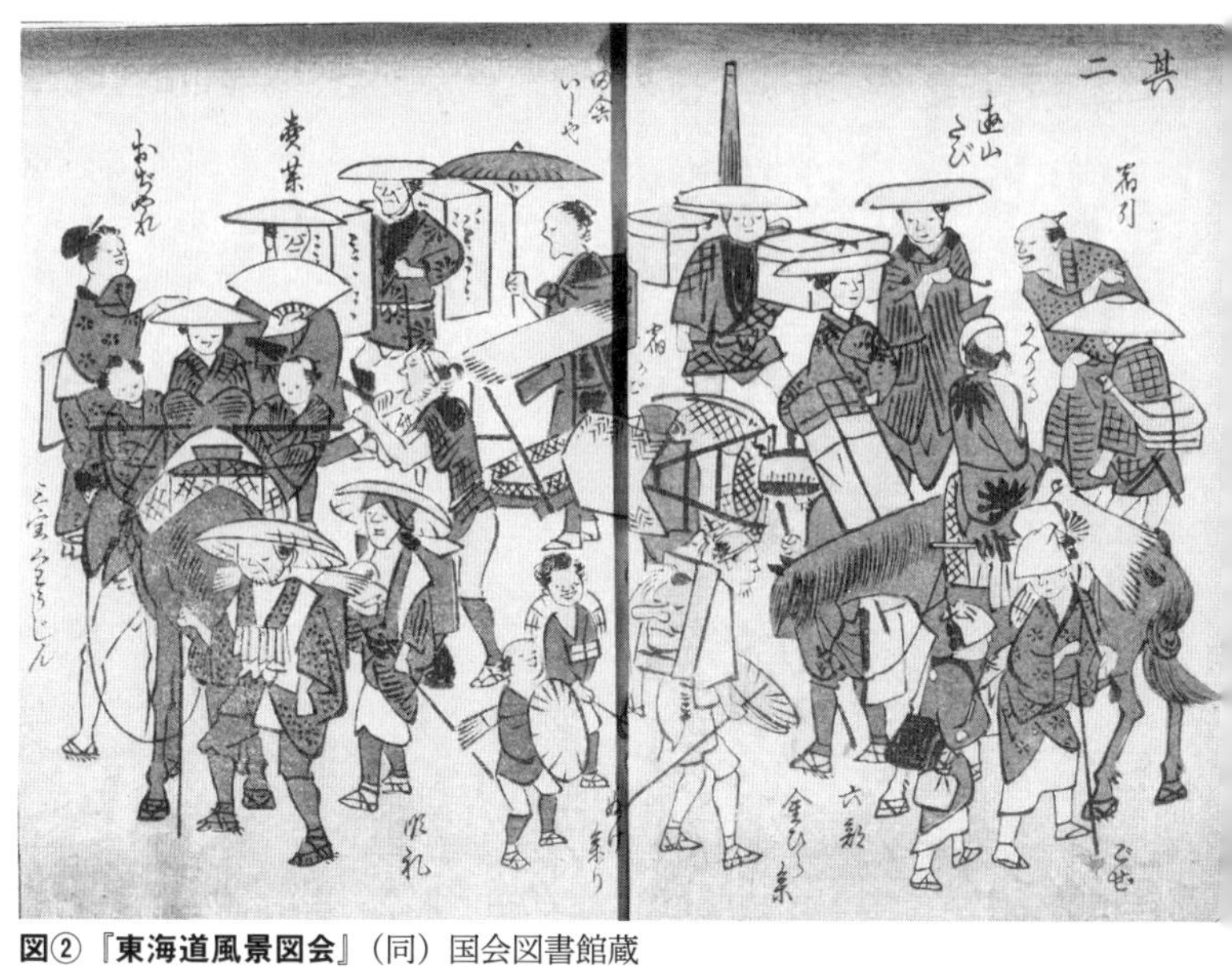

図②『東海道風景図会』（同）国会図書館蔵

道路網は現在ほど複雑ではなく、街道は一本道だったし、道が分かれる地点には必ず道しるべの石柱が立っていて、「○○みち」などと刻まれていた。○○方向はこちらという意味である。

そのため、街道を歩いているかぎり、道に迷う心配はほとんどなかった。交通機関を利用しないだけに、時間を気にする必要もない。自分のペースで歩くのが旅だったといえよう。

また、宿場も整備されていて、予算に応じて宿泊するところはたくさんあった。

旅人はたいてい、八ツ（午後二時頃）前後に到着した宿場で、その日に泊まる旅籠屋を決めた。現代人の感覚では午後二時のチェックインは早すぎる気がするが、日没前に必着するための用心だった。その分、朝の出立は早く、明六ツ（夜明け）前に旅籠屋を出る人は珍しくなかった。

第三章　出立

いざ、江戸へ！

ＪＲ上野駅の待ち合わせ場所に現われたとき、島辺国広は海外旅行にでも行くような、車輪の付いた大きなカバンを引っ張り、野球帽をかぶっていた。

「いよいよですね」

「うむ。さすがに昨夜は興奮して、なかなか寝付けなかったよ」

会沢竜真は背中にリュックサックを背負い、手には古めかしい柳行李（やなぎごうり）を持っていた。

歩き始めた途端、会沢が言った。

「そうだ、コンビニで手軽に食べられるおにぎりやサンドイッチを買っていこう」

「弁当ってことですか」

「まさか。出発の前に食べておく。向こうに着いてから、すぐに食事ができるとはかぎらんからな。老婆心かも知らんが、私の歳になるといろいろ先のことを考えてしまってね」

コンビニで買い物をすると、ふたりとも荷物が多いため駅前でタクシーに乗った。

島辺の伯母（おば）の家に着くと、ダイニングキッチンに直行した。

「なるほど、まさにバリケードだな。よくひとりでやったものだ」

会沢は引戸の前に積みあげられた障害物を見て、感心したように言った。

障害物として使っているため、テーブルも椅子もない。やむなく、ふたりは床に腰をおろし、手早く食事をすませた。

「さて、着替えようか」

「ついにスキンヘッドにしましたよ」

島辺がここで初めて野球帽をとった。

頭はつるつるに剃りあげられている。

「うむ、精悍な感じで、なかなかいいぞ」

「現代に戻ってから、会社の連中に何と言われるか」

「すぐに髪が伸びるさ」

「一週間くらいでは、かえってヤマアラシのようになるんじゃないかと、心配ですよ」

おたがい荷物をひらき、洋服を脱いで着物に着替えた。島辺は自宅で着付けの稽古をしていたのか、かなりさまになっていた。

古道具屋で買った行李に、これまでに買いそろえた品々を詰め、さらに大風呂敷で包んだ。

「さあ、これをきみが、かついでくれよ」

「え、僕がひとりでかつぐんですか。それはひどいでしょう。せめて、三分の一と三分の二に分けて、持ちましょうよ」

「そうしたいのはやまやまだが、江戸時代は武士であれ庶民であれ、主人と弟子や従僕が連れ立って歩くときは、主人は手ぶらだ。主人や師匠が荷物を持っていたら、変に思われるぞ」

「でもねえ」

島辺は不服そうである。

会沢がなだめた。

「江戸に着いたら、落ち着ける場所を早く見つけて、そこに荷物はあずけよう。少しの辛抱だ」

「わかりました。では、そろそろバリケードを撤去しますか」

気を取り直し、島辺が積み重ねた椅子などを取り除き始めた。

ハッと気付いて、会沢が指で足元を示した。

「いかん、忘れてるぞ。このままだと、はだしで江戸に着いてしまう」

「そうでした。家のなかなので、うっかりしていました。前回は靴下だけでしたからね」

あわてて島辺は靴下を脱ぎ、素足に草履を履く。

会沢は靴下に代えて白足袋を履いたあと、草履に足を通した。

あらためて、ふたりでバリケード用の家財道具を片づけていく。最後に、立てて寄せていたテーブルを動かした。

姿を見せた引戸に会沢は、

「ほう、これか」

と、嘆声を発した。

半分ほどひらいた引戸の片側は、漆黒（しっこく）に塗りつぶされていた。

感動とも恐怖とも知れぬ衝撃で、会沢は全身に鳥肌が立った。島辺が形容した通りの暗黒である。光さえも吸い込んでしまう、奥深い暗黒といおうか。無限の奥行きのある、誘い込むような暗黒だった。

「まさにブラックホールだな」

「どちらから先にはいりますか」

「ふたり同時にはいろう。さもないと、違った時間と空間に放り出されかねない」

「でも、この幅ではふたり同時には通れませんよ。僕が先に行くので、先生が続いてください。手を握っていましょう」

「いや、手を握ったくらいでは不充分だ。衝撃で手を放してしまいかねない。おたがい、相手の帯をしっかり握っているようにしよう。

ここで、最後の確認だ。もし離れ離れになったら、日本橋のたもとで会おう。人に聞けば日本橋への道は教えてくれるはずだし、さきほど金もかなりの額を渡したから、どうにかなるだろう」

「はい、了解です」

島辺が荷物を背負い、胸の前で風呂敷を固く結んだ。

おたがいに相手の帯に指をかけると、緊張が伝わってくる。

「さあ、行きますよ」

ゆっくりと、島辺が左手の指先を暗黒に近づけていった。

第二部 江戸

第一章　旅籠屋(はたごや)

（一）お歯黒女にドッキリげんなり～洗練とは程遠い江戸の蕎麦

「どこだ？」

「どこですか？」

その声はおたがいの耳に届いていたので、すぐ近くにいるのは間違いなかった。

ようやく意識を取り戻し、ふたりは相手の帯をちゃんとつかんでいるのを確認した。移動中も離れ離れになることはなく、ひとつの塊(かたまり)として吐き出されたようだった。

会沢竜真は尻餅(しりもち)をついたかっこうのまま、全身をたしかめた。とくに怪我(けが)はなく、無事に移動できたらしい。そっと、周囲をうかがう。

雲の切れ目から太陽がのぞき、その位置は高い。空は青く澄み切っていた。まわりは草むらだったが、やや離れたところから畑がひろがり、白い蝶(ちょう)がひらひらと飛んでいた。その先に雑木林がある。すぐ近くから、小鳥のさえずりが聞こえてきた。

あたりをながめたあと、会沢が言った。

「前回と同じ場所か」

「多分、同じですね。ほら、ここにブラックホールがあります」

島辺国広がそばの小屋の壁を指差した。

「とりあえず、立ちあがろう。人に見られて、怪しまれてはならん」

「そうは言っても、僕は荷物をしょっているんですからね」

「さあ、急ごう」

会沢が先に立ちあがり、島辺に手を差し伸べる。

その手にすがって立ちあがりながら、島辺は、

「それにしても、ちょっと肌寒いですね」

と、尻っ端折りしているためむき出しになった自分の両脚をながめた。

「ともかく、人家のある場所に出よう」

ふたり連れ立ち、道の方に歩き出す。

やはり緊張で胸の動悸が速い。

細い道に出て、歩いているうち、やや落ち着いてきた。それにしても埃っぽい道だった。足を踏み出すたびに、土埃が舞いあがるかのようだった。

背に竹籠をしょい、手ぬぐいで頬かぶりをし、草鞋を履いた中年の男とすれ違ったが、とくにこちらに不審をいだいた様子はなかった。

道の両側に建物が目立ち始めた。どこやらで、米か麦を搗いているような音がしている。トントンという木槌の音も響いてきた。

一軒の家の前で、下駄を履き、背中に赤ん坊をおんぶした女の子ふたりが立ち話をしていた。

「見ろ、子守だぞ」

会沢が感動して島辺をかえりみると、片足を引きずっていた。

「おい、どうした」

「足が痛くなったんですよ」

島辺は情けなさそうに、足元をたしかめている。

右足の親指と人差指をひらくと、破れた皮膚が片側に白く重なり、はがれたあとには薄赤い肉が見えている。日ごろ靴の生活をしているため、鼻緒の摩擦に慣れていない。草履を履いて歩き出すとすぐに、足指の内側の皮膚が鼻緒にこすれて破れてしまったのだ。

「靴ずれならぬ、草履ずれだな。すぐに手当てをしたほうがいい。痛いのはもちろんだが、傷口が泥でよごれ、黴菌がはいったら大変なことになる。消毒して、傷テープを貼りなさい」

「消毒薬や傷テープなど、あるんですか」

「ちゃんと用意してきた。怪我も想定内だからな。ほれ、あそこに葦簀張りの店がある。茶店かもしれぬ。あそこでちょいと休み、手当てをしよう」

「草履で、たちまちこれですからね。草鞋を履いて歩くのを考えると、ゾッとしますよ。ああ、痛い」

「何事も慣れだ。草鞋も履き慣れると、きっとそれなりに便利なのだろうよ。さあ、もう少しだから、我慢して歩きなさい」

「ああ、痛い、ああ、痛い」

小さな悲鳴をあげながら、島辺がよたよたと歩いた。

覚えのあるにおいだった。会沢は蕎麦屋などの厨房から流れてくる、出汁の香りだとわかった。東京では店内にはいってようやくわかるが、江戸では道にまでただよい、はっきりわかる。店の前の道に置行灯があり、

御やすみ処　名物　二八　そば　うんどん

と書かれていた。

「蕎麦・うどん屋のようだな。御やすみ処とあるから、ゆっくりできよう」

「さっき、おにぎりとサンドイッチを食べたばっかりですから、麺類は無理ですよ。お茶だけでいいです」

「茶店じゃないので、お茶だけというわけにもいくまい。無理をしてでも食べてくれ。さあ、はいるぞ」

軒先から立てかけられた葦簀の内側には、床几がいくつか並べられている。床几のひとつには商人らしき男が腰をかけ、ちろりと茶碗で酒を呑んでいた。酒も出すことがわかる。同じ床几にやや離れて男が腰かけ、うどんを食べていた。

もうひとつの床几では、ふたり連れの人足らしき男が蕎麦をすすっている。

ふたりはなるべくほかの客に背を向けるかっこうで、床几に腰をおろした。

「読んでみましょうか」

壁に貼ってある価格表を見て、島辺が言った。

同じく価格表に目をやり、会沢がうなずいた。

「うむ、お手並み拝見といこう」

「まず、えーと、
一　そば　代拾六文
一　あんかけうどん　代拾六文
一　あられ　代二十四文
一　天婦ら　代三十二文
一　花まき　代二十四文
一　しつほく　代二十四文
一　玉子とじ　代三十二文
一　上酒一合　代四十文
ですかね。ところで、あられ、花まき、しつほくとは何でしょうか」

「あられには貝柱が、花巻には揉んだ海苔が、しっぽくには蒲鉾や椎茸がのっているはずだ」

そのとき、襷をかけ、前垂をした、三十前後の女がそばに来た。

「いらっしゃりませ。何にいたしましょうか」

「蕎麦をふたつ、もらいましょうかな。ときに、かみさん、何ン時ですかな」

「さきほど、九ツが聞こえました」

そう答えて、女が厨房の方に向かう。

島辺がささやいた。

「いまの女の顔、見ましたか。僕はゲッと叫びそうでしたよ。歯が真っ黒でした。すごい虫歯ですね」

「お歯黒（はぐろ）だよ。もちろん、私も一瞬、ギョッとしたがね」

「えっ、あれがお歯黒ですか。気味が悪いなぁ。ますます食欲がなくなりましたよ」

島辺はかなりショックを受けたようだった。

会沢が小声で言った。

「江戸のショック、第一というわけだな。そんなことより、さきほど九ツの鐘が鳴ったというのだから、いまは午後一時くらいかな。早く行李をあけて、目立たないように薬の包みをこちらに出しなさい」

島辺が風呂敷を解き、行李から薬の包みを取り出して渡す。

包みから、会沢が消毒薬と傷テープをより分け、そっと手渡した。

「終わったら、これからのことも考え、いつでも取り出せるよう、着物の袖（そで）にでも入れておくとよい」

行李に隠れるようにしながら、島辺が身をかがめ、指の皮の剝（む）けたところに消毒薬を吹き付けた。傷がしみるのか、顔をしかめながらも、ようやく傷テープを貼り終えた。

お歯黒

図①『花結色陰吉』（歌川国芳、天保８年）国際日本文化研究センター蔵

江戸時代、武士階級と庶民を問わず、女性は結婚すると歯を黒く染める、お歯黒（はぐろ）の習慣があった。このお歯黒は古代からあったようだが、その理由はよくわかっていない。

鉄片を茶の汁や酢のなかにひたして酸化した鉄漿（かね）に、付子（ふし）の粉を付けて歯を染めた。

図①は、女が鏡を見ながらお歯黒をしているところだが、膝の左横に置かれたのがお歯黒の道具一式である。

戯作（げさく）『浮世床（うきよどこ）』（式亭三馬著、文化十一年）に、庶民の結婚の様子が述べられている。新郎が裏長屋住まいの場合、仲人が新婦を長屋に連れてくるのがすなわち婚礼だった――

> 下女の引っ越しのようにして、仲人が葛籠（つづら）をしょって、左の手に鉄漿壺（おはぐろつぼ）をさげて、右の手に酒を一升下げて来たわ。

仲人が持参した酒で三々九度の盃を交わし、これで結婚成立だった。

嫁入り道具は着物を収めた葛籠ひとつと、お歯黒の道具一式だけという簡素さである。何はともあれ、お歯黒の道具は嫁入りには必須だったのがわかる。

図②は、新婦の初の鉄漿染（かねそめ）の光景。鉄漿染はお歯黒のこと。

なお、吉原の遊女は未婚にもかかわらずお歯黒をした。他の遊里の遊女や、芸者はお歯黒をしない。

テレビ・映画の時代劇では既婚の女役、あるいは吉原の遊女役の女優はお歯黒をしていない。これは厳密には時代考証の間違いである。

しかし、実際に歯を黒く染めた女優の顔が大写しになれば、視聴者は幻滅するに違いない。現代人にはとても耐えられないといってもよかろう。

お歯黒を無視するのは、現代人の美的感覚に合わせた約束事、ないしは暗黙の了解といえよう。

図②『春の文かしくの草紙』（山東京山著、嘉永６年）国会図書館蔵

そこに先ほどの女が、かけ蕎麦を盆に載せて持参した。テーブルはないので、丼を手に受け取ると、そのまま箸(はし)をつける。

「しょっぱい汁ですね。具は何もないし、麺の太さもふぞろいで、蕎麦の香りなんかまるでしませんよ」

「おいおい、蕎麦の風味だの、喉ごしがいいだの、コシがあるなどは、現代のテレビのグルメ番組でタレントが並べるごたくだぞ。もちろん、高級蕎麦屋の洗練されたざる蕎麦ならそうかもしれんがね。しかし、この時代のかけ蕎麦は貧しい庶民の、とくに肉体労働に従事する者が手軽に腹を満たす簡便な食い物だ。こんなものだぞ」

「そうなんですか。本格的な江戸の蕎麦が食べられると、楽しみにしていたんですがね。これが江戸の蕎麦ですか」

　ぶつぶつ不満を述べながらも、島辺はかけ蕎麦をきれいに完食した。

　会沢が声をかけ、やってきた女将(おかみ)に波銭(なみせん)を八枚、手渡した。

「じつは、わしらは江戸は初めてでしてね。このあたりは、何というところですかな」

「下谷御切手町(したやごきってちょう)でございます」

「馬喰町(ばくろちょう)までは、よほどありますかな」

「ここからだと、日が暮れる前に着きますよ。神田川を橋で越すと、すぐですから。おや、定吉(さだきち)が戻ったね。ちょうどいい」

用事を命じられていたらしい丁稚小僧(でっちこぞう)が現われた。背中に風呂敷包みをかついでいる。着物を尻っ端折りし、股引をはいていた。

　女将が丁稚に言った。

「定吉、荷を解くのはあとでいいから。こちらのおふたりは、馬喰町に行かれる。馬喰町と言ってもわかるまいが、神田川にぶつかる道はわかるね」

「へい、わかります」

「道が分かれるところまで、案内してておあげ」

「へい」

　丁稚は当面、仕事から解放されて嬉しそうだった。かついでいた荷物をその場に放り出す。

「これはこれは、ありがとう存じます」

　会沢が女将に丁重な礼をし、店を出る。

　丁稚にみちびかれて歩きながら、会沢が島辺にささやいた。

「道をよく覚えておけよ。出発点の小屋から蕎麦屋、蕎麦屋から分かれ道まで」

「僕は方向音痴ではありませんよ。これでも地理感覚は鋭い方でしてね」

　そう答えたあと、島辺が丁稚に話しかけた。

「僕、いや、小僧、てめえ、いくつだ」

「十三」

「ふ～ん、いつから、あの店で働いているのだい」

「十一のときから」

「生まれはどこだ」

「寺島村さ」

理解できず、島辺がさらに質問しようとするのを察し、会沢が横から注釈した。

「現在の墨田区のあたりだな。この時代は農村だった」

「おまえさまがたは、お医者さまかい」

丁稚が振り返り、怪訝そうに言った。

島辺が驚いて問い返す。

「どうして、そう思ったんだい」

「頭は丸めているけど、お坊さんのようではないし、さっきから、聞いていても意味のわからない、むずかしい話をしているし」

「よく見抜いたな。こちらは長崎で修業をされた蘭方の偉い先生だ。俺は将来を嘱望された一番弟子でね」

島辺は子供相手だけに気楽なのか、適当なことを言っていた。

いっぽう、会沢はふところに片手をつっこみ、もぞもぞしている。

やや大きな通りが左右に走っていた。

丁稚が手で左を示した。

「こっちの方にずっと行くと、神田川に突き当たります。馬喰町は、橋を渡ってから人に尋ねてください」

「うむ、助かったよ。これは駄賃じゃ」

　会沢がふところから一文銭を五、六枚取り出し、丁稚に渡した。

　道の右側には寺院が続いている。左側には下級武士の屋敷が並び、それに食い込むように町家が建っていた。

「よく、あの子に駄賃をあげるのを思いつきましたね」

　島辺が感心して言った。

　会沢が照れたように笑った。

「江戸文学に洒落本と呼ばれるジャンルがある。洒落本は、いまでいえば風俗小説に近いだろうな。くだらないものがほとんどで、かつて洒落本を読みながら、自分が白痴になるような気がしたものだ。しかし、洒落本を読んだ経験が役に立った。ああいうとき、江戸では丁稚小僧にいくばくかの駄賃を渡すのは常識でね。というのも、丁稚奉公は住み込みで、衣食住こそ保証されているが、事実上の無給だ。ちょっとした使いをして、先方から駄賃をもらうのがほとんど唯一の収入なのさ」

「それにしても、蕎麦屋の女将との遣り取りも堂に入ったものでしたよ。江戸が初めてとは思えませんが」

「洒落本には、ああした遣り取りの会話がたくさんある。それが頭に残っていたのだろうね。いまだから言うが、最初はひやひやものだった。どうにか第一の関門を無事に通過して、ちょっと自信が出てきたところだよ」

羽織袴で、腰に両刀を差した武士が歩いてくる。後ろに、挟箱をかついだ中間が従っていた。

「武士の姿を見ると、ここが江戸だと実感しますね」

島辺が嬉しそうに言った。

会沢が袖を引っ張る。

「左に寄りなさい」

「え、左を歩くのですか」

「江戸は左側通行が原則だ。右側通行だと、武士同士がすれ違うとき、刀がぶつかりかねないからな」

「なるほど。刀の鞘にうっかり荷物が当たったりしたら、『無礼者め』と、バッサリやられるとか」

「江戸では武士も都会人だから、いきなりそんな粗暴な振る舞いをする者はいないであろうよ。しかし、なかにはサイコパスの武士もいるだろうから、用心するに越したことはない」

「えっ、武士にもサイコパスがいるんですか」

「いつの時代にも、どんな人間集団にも、ほぼ一定の割合でサイコパスはいるさ」

急に島辺がもじもじし始めた。

「さっきから、おしっこに行きたかったのですが、もう我慢できなくなってきました」

「じゃあ、そのへんの塀に向かって立小便しなさい」

「人に見られるじゃないですか」

「この時代、男の立小便は当たり前だ。誰も気にはせぬ」

「そうはいきませんよ」

ようやく、ちょっとした空き地を見つけた。島辺は荷物をおろし、いそいそと空き地に向かう。

荷物の番をしながら、会沢は煙草が吸いたくなった。しかし、古道具屋で買った煙管と煙草入れはあるが、刻み煙草がない。たとえ刻み煙草があっても、ライターは使えないのに気付き、ひとり苦笑した。

ようやく戻ってきた島辺が、顔をゆがめて地面にしゃがみこんだ。

「左足の指も皮が剝けました」

傷口に消毒薬を吹きかけ、傷テープを貼る。

突然、声をかけられた。

「おや、どうなされましたか」

さきほど、蕎麦屋で見かけた商人風の男だった。酒を呑んだせいか、目元がほんのりと赤らんでいた。

下男らしき供の男は着物を尻っ端折りし、草鞋履きだった。

「この者が足を痛めてしまいましてね。困っております」

「それは難義でございますな。ちらと聞こえたのですが、馬喰町まで行かれるとか」

「さよう、馬喰町の旅籠屋に泊まるつもりでしてな」

「馬喰町なら、途中まで一緒です。なんなら、この男に荷物をかつがせましょう。お得意先に品物を届けた帰りでしてね。見ての通り、この者は手ぶらです」

その親切な申し出に、会沢はやにわに警戒感が芽生えた。

そんな相手の警戒を読み取ったのか、男は笑って言った。

「けっして怪しい者ではございません。あたくしは、神田お玉が池の呉服屋『相模屋』の手代、伊兵衛と申します。ご遠慮なさいますな。お見受けしたところ、お医者さまですか」

「さよう、会沢竜真と申す。では、お言葉に甘えましょうか」

「おい、久助どん、荷物をしょってさしあげなさい」

「へい、お安い御用で」

手代の伊兵衛に命じられ、下男の久助が荷物を軽々とかつぎあげた。

四人、連れ立って歩き出す。

久助は背丈は島辺よりはるかに低いにもかかわらず、見るからに頑健そうで、その足取りも軽快だった。荷物をかついで歩くのに慣れているのをうかがわせる。

いっぽうの島辺は荷物から解放されても依然として足が痛むのか、引きずるような歩き方をしていた。

「どちらから、いらしたのですか」

伊兵衛が尋ねた。

さきほど蕎麦屋で女将と交わした会話も聞こえていたはずである。矛盾が生じてはいけないと、会沢は懸命に頭を働かせ、慎重に答えた。

「長崎から出てきました。中山道（なかせんどう）を通ってきたもので、昨夜は板橋宿（いたばししゅく）に泊まりました。きょう、江戸にはいったのですが、迷ってしまった次第でしてな」

「さようでしたか。馬喰町で泊まる旅籠屋はお決まりですか」

「いえ、まだ決めておりませぬ」

「よろしければ、山城屋（やましろや）という旅籠屋にお泊まりください。お玉が池の相模屋の口添（くちぞ）えと言っていただいてかまいません」

　伊兵衛はおそらく島辺とほぼ同年齢であろうが、その人をそらさぬ物腰や受け答えは老成を感じさせた。また、言葉の端々から、それなりに教養があるのもうかがわせる。相模屋はかなりの大店（おおだな）らしい。会沢は、江戸の大店の手代を見直した思いだった。

話がはずみ、問いに答えるなかで、会沢はつい専門は眼科とまで口走ってしまった。

　いっぽう、島辺と久助は黙々と歩いている。

和泉橋（いずみばし）を渡って神田川を越えた。

　しばらく歩いたところで、伊兵衛が片手で方向を示した。

「では、あたくしはここで失礼します。店はこちらですので。

久助どん、せっかくだから、旅籠屋が決まるまで、荷物を運んでさしあげなさい。お供の人は歩くのがかなりつらそうだ。番頭さんには事情を話しておくから、帰りはおそくなってもかまわないよ」

　じつに親切で、配慮の行き届いた男だった。

蕎麦屋（店舗）

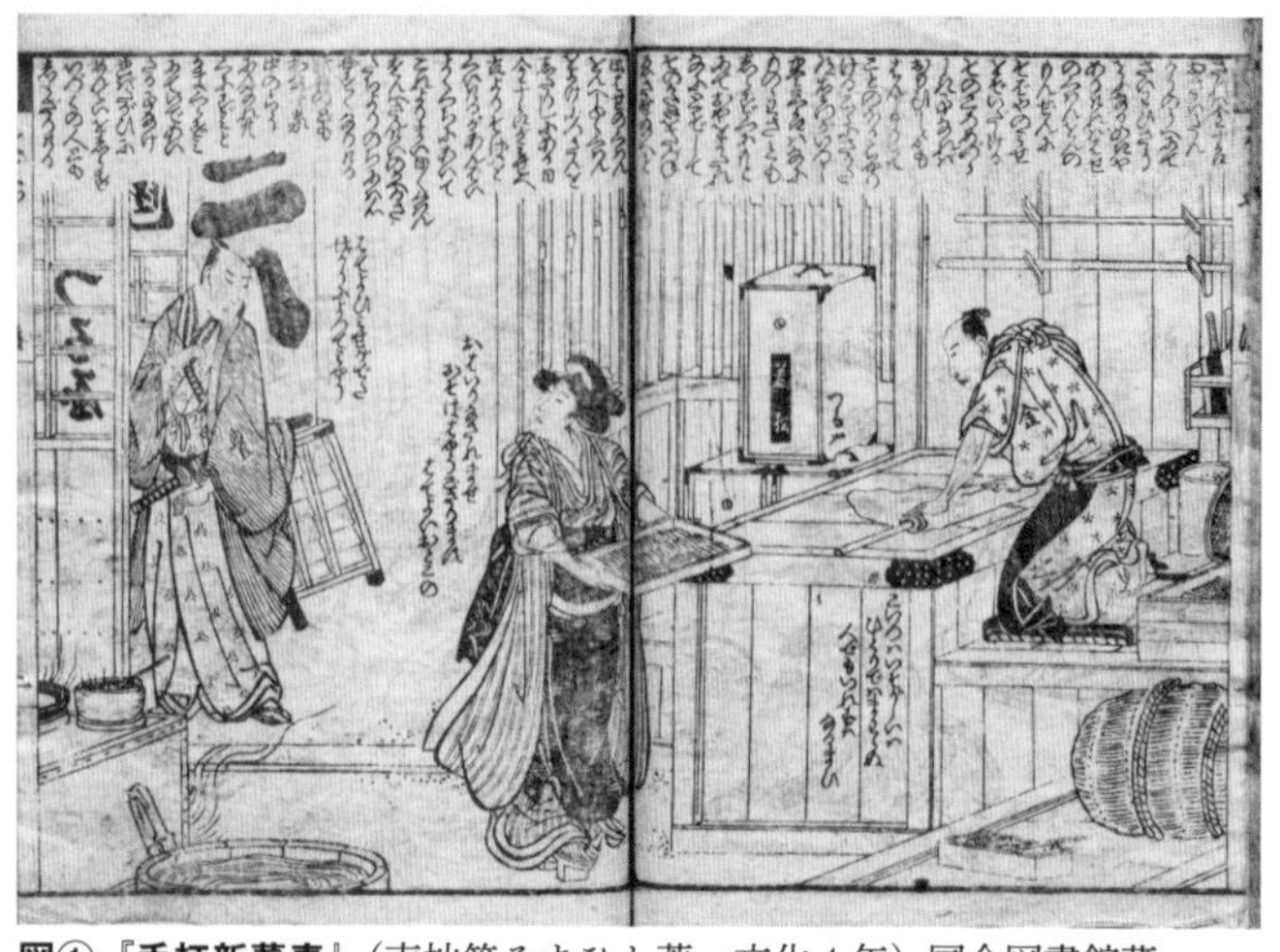

図①『手打新蕎麦』（南杣笑そまひと著、文化４年）国会図書館蔵

江戸っ子は蕎麦好きだったといわれるが、江戸では蕎麦がもっとも手軽で安価な食べ物だったというのが正しいであろう。

図①は、町中に新規開店した蕎麦屋の様子。蕎麦打ちは現在と基本的に同じである。

もともと蕎麦は、蕎麦粉をこねて餅状にした「蕎麦がき」で食べていたが、江戸時代の初期に「蕎麦切」という、麺にした物を食べるようになった。さらに江戸時代中期には蕎麦切が普及し、庶民の食べ物となった。この蕎麦切が、現在の蕎麦と呼んでいる麺類である。

「二八蕎麦」は有名だが、その呼称の由来は諸説あり、もっとも安い「かけ蕎麦」が十六文（二×八＝十六）だったから、あるいは小麦粉と蕎麦粉の割合が二対八だったからなどがある。「二六蕎麦」という言い方もあるが、由来は不明。

図②は、郊外や行楽地、街道筋などの店である。右手の置行灯には「二六　名物　そば　うんどん」と書かれている。「うんどん」は、うどんのこと。図③は蕎麦屋の品書き。

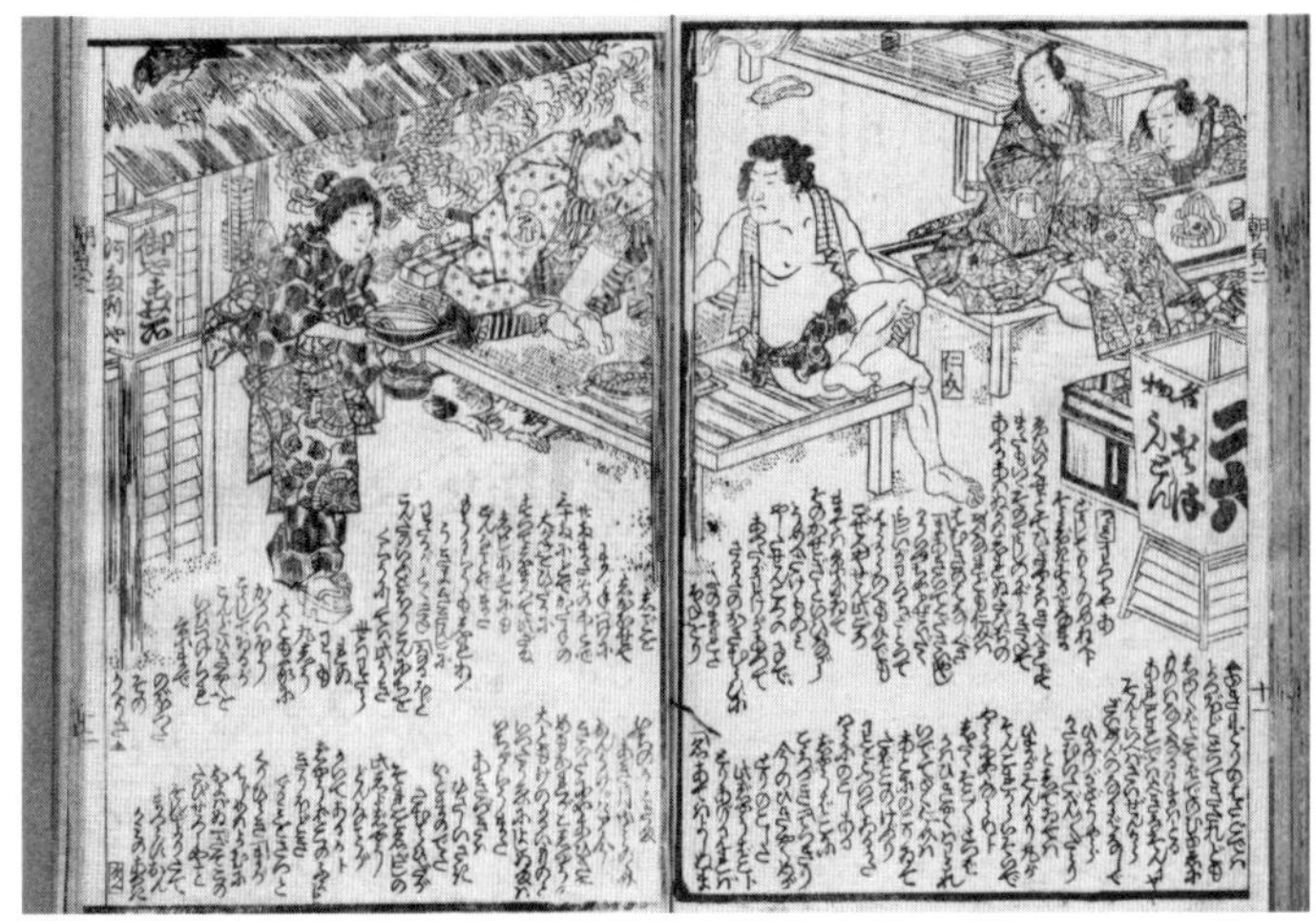

図②『咲替蕣日記』（墨川亭雪麿著、安政元年）国会図書館蔵

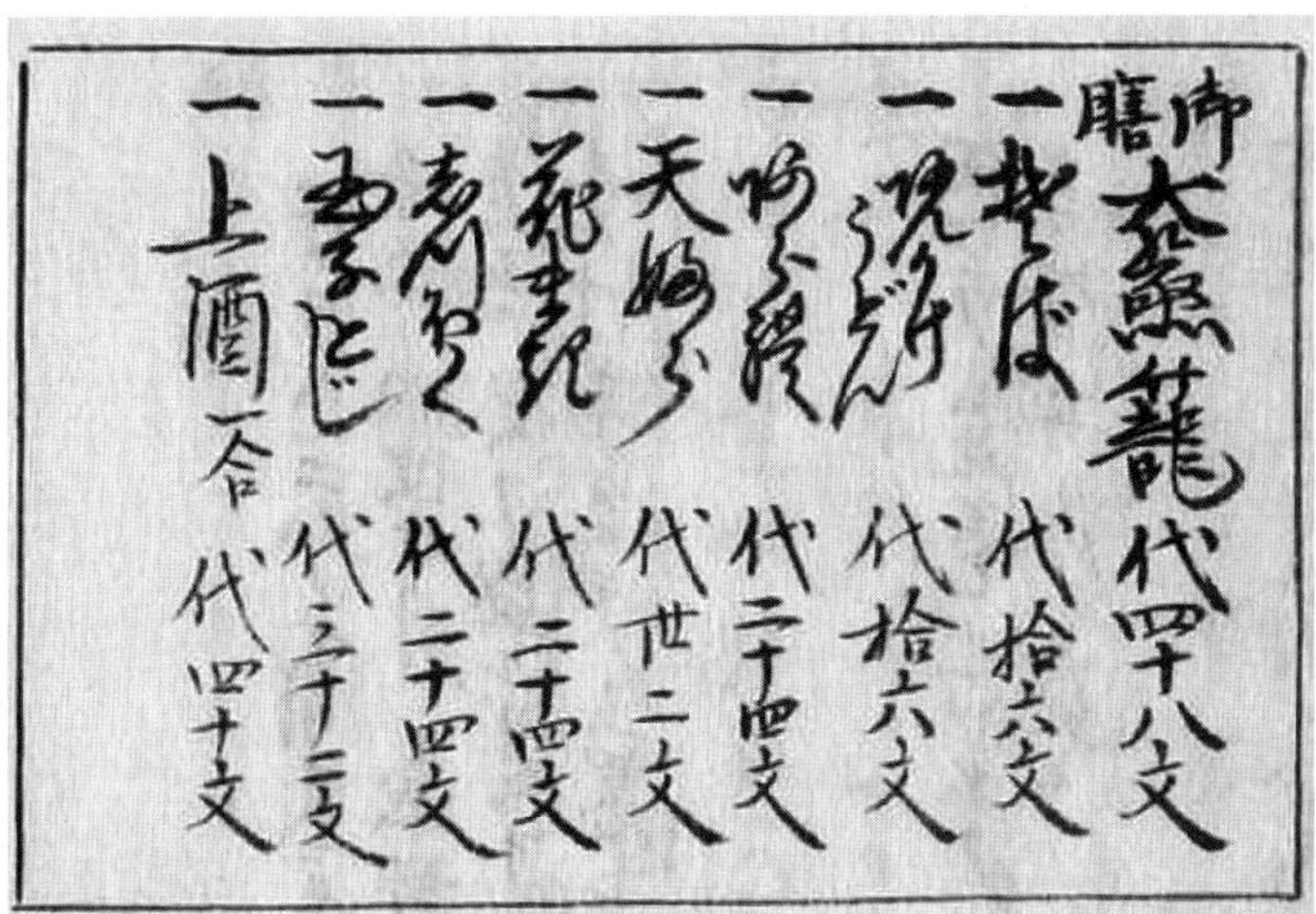

御膳 大蒸籠 代四十八文
一 そば 代拾六文
一 あんかけうどん 代拾六文
一 あられ 代二十四文
一 天ぷら 代卅二文
一 花まき 代二十四文
一 しっぽく 代二十四文
一 玉子とじ 代三十二文
一 上酒一合 代四十文

図③『守貞謾稿』（喜田川守貞著）国会図書館蔵

(二) 江戸の旅籠(ホテル)はバスなし、共同便所～通勤ラッシュなみの暗い銭湯

通りの両側には旅籠屋が軒を連ねていた。

すでに陽が西に傾いているためか、旅姿の人々が多数、足早に歩いており、あちこちに立った客引きがひっきりなしに声をかけてくる。

見たところ、どの旅籠屋も大同小異だった。料金もさほど変わるまい。それならばと、会沢竜真は伊兵衛に紹介された山城屋に決めた。

旅籠屋の前に立つと、女将らしき女が出迎えた。やはりお歯黒をしている。

「お玉が池の相模屋という呉服屋から聞いてきたのだがね」

「はい、よく存じております。相模屋のご紹介とあれば、静かな、よい部屋を用意いたしましょう。お三人でございますか」

「いや、ふたりでして。この者は荷物を置いたら、相模屋に戻ります」

「はい、かしこまりました」

女将はすぐに下女(げじょ)に足すすぎの水を持ってくるよう、女中には荷物を二階の部屋に運ぶよう命じた。

会沢が財布から波銭を四、五枚取り出し、久助に渡した。

「ご苦労だった。伊兵衛さんには、くれぐれもよろしく伝えてくれ」

「へい、ありがとうごぜえやす」

旅籠屋

図①『木曽街道六拾九次』（歌川広重・渓斎英泉、天保10年）国会図書館蔵

江戸時代の旅館は大きく分けて、木賃宿と旅籠屋があった。

木賃宿は素泊まりで、食事は自炊しなければならない。宿泊料金は五十～六十文だった。

旅籠屋は食事付きで、一泊二食付きの料金となる。

江戸時代中期の東海道の旅籠屋の料金は、『道中記の旅』（原田伴彦著、芸艸堂）に拠ると、

上級　百七十二～三百文
中級　百四十八～百六十四文
下級　百～百四十文

だった。この相場はほぼ幕末まで続いている。

図①は、中山道の下諏訪宿（長野県下諏訪町）の旅籠屋の光景。すでに風呂からあがった六人が、女中の給仕で夕食をとっている一方で、風呂場には入浴中の客もいる。狭い風呂なので、次々と交代で入浴するしかない。

江戸では、旅籠屋が蝟集している場所として馬喰町（中央区日本橋馬喰町）が有名だった。地方

から商用や江戸見物、公事（くじ）（訴訟）などで出てきた人は、たいてい馬喰町の旅籠屋に泊まった。

街道の旅籠屋とは違い、江戸市中の旅籠屋には一般に風呂はなかったので、宿泊客は近所の湯屋を利用した。

図②は馬喰町の旅籠屋の、夕食の光景である。膳（ぜん）を見ても、食事は下諏訪宿の旅籠屋より贅沢（ぜいたく）だったのがわかる。

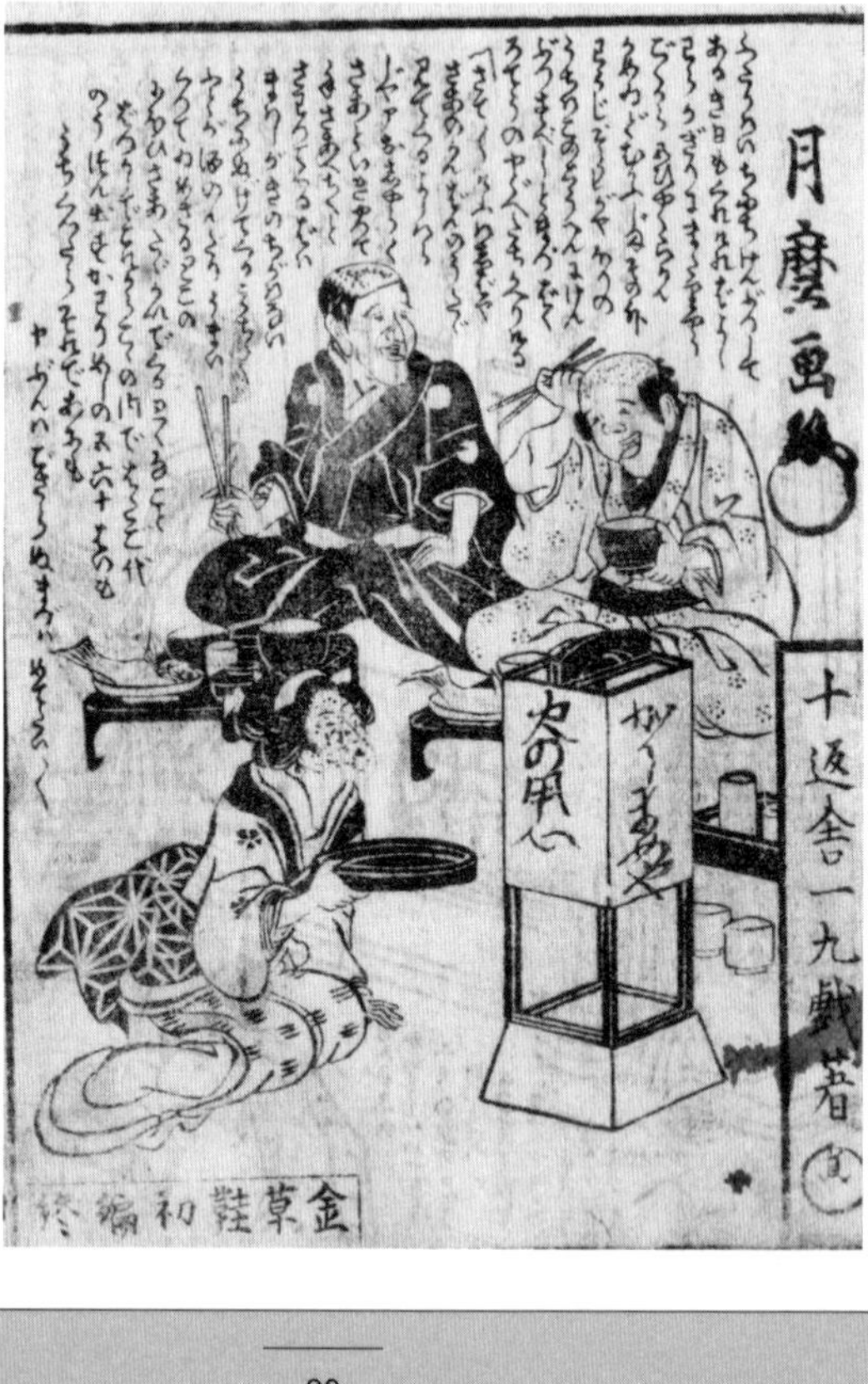

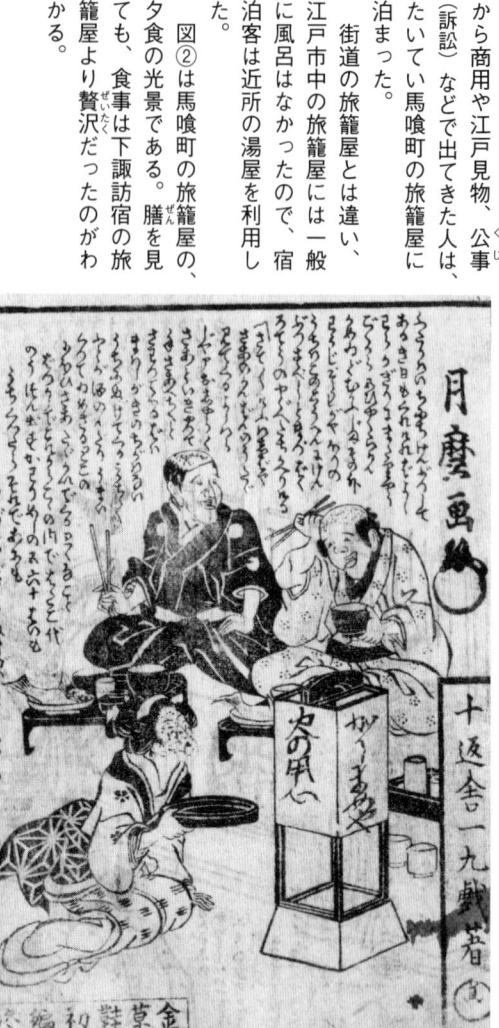

図②『**金草鞋**』（十返舎一九著、文化10年）国会図書館蔵

久助は入口の上框に荷物をおろし、ぺこりと頭をさげて戻っていく。

下女が盥に水を入れて持参した。

島辺国広は足を盥に入れて洗い、泥や埃を落とした。会沢は足袋を脱ぎ、足を洗う。渡された雑巾で、ふたりは濡れた足をふいた。

「こちらでございます」

女中に先導され、階段をのぼる。

案内されたのは、廊下の端にある六畳間だった。荷物はすでに運び込まれている。

部屋の三面は壁、障子の窓、隣室との境の襖、そして廊下に面した一面は障子だった。部屋のなかには調度のたぐいは何もない。

島辺が不満そうに言った。

「ツインってことですか」

「うむ、男ふたり、枕を並べて寝ることになるな」

「バス・トイレなしのツインですか。ネットの旅館・ホテルガイドなどで『訳あり格安』とあるのは、たいていバス・トイレなしですよ」

「この時代、旅館の部屋はバス・トイレなしが当たり前だ。参勤交代の大名などが宿泊する本陣でも、部屋はバス・トイレなしだぞ」

そのとき、いったん一階にさがった女中が、盆に載せた茶と煙草盆を持って現われた。

「あいにく、煙草を切らしてしまってね。買ってきてもらえないかね。これで足りるかな」

そう言いながら、会沢が女中に南鐐二朱銀を渡した。

金を受け取った女中が去るのと入れ違いに、羽織を着た初老の男が現われた。

「主(あるじ)の嘉右衛門(かえもん)でございます。相模屋のご紹介だそうで」

「はい。お世話になります」

「さっそくですが、宿帳をお願いしようと思いまして」

嘉右衛門が帳面と、墨を含ませた筆を取り出した。

受け取った会沢は、
　肥前長崎　醫師　會澤龍眞
　　　　　　供　　嶋邊國藏
と、さらさらと書いた。

「さて、きょうは何月何日でしたかな」

会沢がとぼけて、さりげなく尋ねた。

「四月七日でございます」

「ああ、そうでしたな。この歳になると、ど忘れが多くなりまして」

嘉右衛門は、戻された宿帳に目を走らせた。

「お医者さまでございましたか。ところで、煙草を切らしたとおっしゃっていましたな。どうぞ、お吸いください」

そう言いながら、腰にさげた煙草入れをはずし、前に置いた。

煙管を取り出し、刻み煙草を雁首の火皿に詰めた。煙草盆の火入れには、灰に埋もれた炭火がある。嘉右衛門は火皿を炭火に近づけ、煙草に火を付けた。くわえた吸口から大きく吸ったあと、ふーっと煙を吐き出す。

この動作をさりげなく観察していた会沢と島辺が真似をして、さっそく煙管で一服した。

「長崎と言えば、オランダ商館に偉い医者がいると聞きましたが」

「シーボルト先生ですな。わしも一度、お会いしたことがありますが、医術はもとより、多方面に多大な知識をお持ちの方です。江戸にも噂は伝わっておるのですか」

「こういう稼業ですから、諸国の噂が集まってきます。ところで、食事までまだ間があります。まずは湯屋で旅の汗を流してはいかがですか」

「さようですな。江戸の湯銭はいかほどですか」

「八文でございます」

嘉右衛門は銭湯の場所を教えたあと、階下に戻っていく。

亭主の姿が見えなくなってから、島辺が憤然とした。

「旅館なのに、風呂がないのですか。現代のバスなしは、部屋に風呂がないという意味ですよ」

「宿場の旅籠屋は別として、江戸の旅籠屋には風呂はないのが普通だ。近くに湯屋がたくさんあるからな。そうそう、大事なことを聞いたぞ」

会沢は荷物のなかから、『日本陰陽暦日対照表』（加藤興三郎編、ニットー）の文政八年のコピーを取り出した。

「よし、わかったぞ。きょう文政八年四月七日は、太陽暦では一八二五年五月二十四日だ。これですっきりした」

「ほう、いまは五月の下旬なんですか」

「暑くもなく、寒くもない、ベストな時季といえような。さて、ともかく、江戸の湯屋を体験してみようではないか。手ぬぐいを忘れなさんな」

会沢は一階の帳場に寄り、嘉右衛門に二分金を渡して両替してもらった。その後、四文銭や一文銭だけを持つと、財布を帳場にあずけ、ふたりで湯屋に向かった。


湯屋に向かって歩きながら、島辺が言った。

「先ほどの宿帳ですが、よく旧字がすらすら書けましたね。驚きました」

「商売柄、旧字は読めるが、やはり書くのはむずかしい。そこで、こんなこともあろうかと、筆で旧字を書く練習をしておいた。それにしても、自分の名前に旧字を復活させる最近の風潮はじつに腹立たしい。沢は澤、竜は龍と書くのが普通になっている。あれは、かっこいいつもりなのかな」

「じつは僕も嶋邊と書くことが多いのですが、パソコンやメールを使うときですね。名前を登録していますから。手書きをする段になると、とくに邊を書くのが面倒で。というより、書けないことがあります」

「そうだろう。自分の名前に旧字を使う権利を主張するなら、他人の権利も尊重せねばならぬ。

そうなると、日本人の名前は全部、旧字復活だぞ。『広島市の廣嶋さん』という表記など、ややこしいというより、滑稽だろうよ」

会沢が日ごろの持論を述べた。

目の前に湯屋の入口があった。左が男湯、右が女湯で、それぞれ紺地に白く男湯や女湯と染め抜かれた暖簾が風に揺れている。

「男湯と女湯に分かれているようだな。江戸は混浴が多かったという話をすると、男はたいてい『うらやましい』と言う。きみはどうだ」

「僕も混浴と聞いて、うらやましいと思った口ですがね。しかし、実際に直面すると、混浴は恐ろしくてとても、とても」

笑いながら、履物を脱いで下足箱に入れる。番台でふたり分の湯銭十六文を払った。

衣服を脱いで脱衣棚に納めながら、島辺が小声で言った。

「石鹸はどうするんですか」

「糠袋が石鹸の代わりだが、別途料金が必要だ。とりあえず汗を流せばよかろう」

「そうですね。それにしても、すぐそこで人が体を洗っていますよ。仕切りは何もなしだな」

「日が陰ってきたからか、薄暗いな」

脱衣所から竹簀子をまたいで洗い場に行き、そのまま浴槽に向かう。

浴槽の入口には天井から、黒塗りに豪華な装飾をほどこした板戸がさがっていた。床との隙間は、わずかしかない。

「これが石榴口ですね。蒸気を逃がさないためのくふうだと、本で読みましたよ」

島辺がほとんど四つん這いになって石榴口をくぐり抜け、会沢が続いた。

浴槽は人の顔が判別できないほど暗く、しかも混んでいる。人と人のあいだに体をねじ込むようにして湯につかる。

ようやく目が慣れると、うっすらと顔だけはわかった。

「まるで通勤ラッシュの電車並みですね」

言ったあと、島辺は口をすべらせたのを悟り、もごもごと意味不明の言葉を口ごもって誤魔化した。

湯は濁っているに違いないのだが、暗さがさいわいして、見ただけではわからない。

声だけで相手がわかるのか、浴槽の隅と隅の男が何やら声高に話をしていた。島辺の隣の男は低い声で浄瑠璃を唸っている。

人いきれと、こもっている湯気で早くものぼせそうになり、会沢が言った。

「国蔵、わしは出るぞ」

「へい、わたくしも」

会沢に続いて島辺も浴槽を抜け出した。

洗い場で上がり湯をかけ、早々に湯屋を出る仕度をする。

しかし、手ぬぐいで体をぬぐいながら、納得がいかないらしい。

「タオルやバスタオルと違って、手ぬぐいでは何とも頼りないですね」

江戸の風呂屋

図①『金草鞋』（十返舎一九著、文化10年）国会図書館蔵

江戸の湯屋（ゆや）はもともと男女混浴だったが、風紀が乱れるとして、老中松平定信が推進した寛政の改革で禁止された。しかし、実際には男湯と女湯の分離はほとんど実行されなかった。

天保十二年（一八四一）から老中水野忠邦が断行した天保の改革により、混浴は厳禁され、男湯と女湯が分かれた。

江戸時代の後期になるまでなかなか男湯と女湯の分離ができなかったのは、入口や湯船なども分けなければならず、湯屋にとって負担が大きかったからであろう。

図①は、男湯の洗い場。現代の銭湯では番台の前が脱衣所で、ガラス戸などの仕切りをへだてて洗い場となる。ところが江戸の湯屋では、番台のすぐそばが脱衣所で、竹簀子（たけすのこ）を境にしてすぐに洗い場だった。図では左奥に浴槽がある。

図②は浴槽だが、木製だけにかなり狭い。しかも、新しい湯が蛇口から供給されるわけではないので、いわば溜まり湯である。当然ながら、時間

がたつにつれて湯はよごれ、濁っていった。

図③は、女湯の洗い場で、左手に脱衣棚がある。右手前の女が上がり湯を盥（たらい）に汲んでいる。浴槽の湯は濁っていたので、こうして最後にきれいな上がり湯を体にかけた。

（上）図②『賢愚湊銭湯新話』（山東京伝著、享和2年）国会図書館蔵
（下）図③『逢夜鳫之声』（歌川豊国、文政5年）国際日本文化研究センター蔵

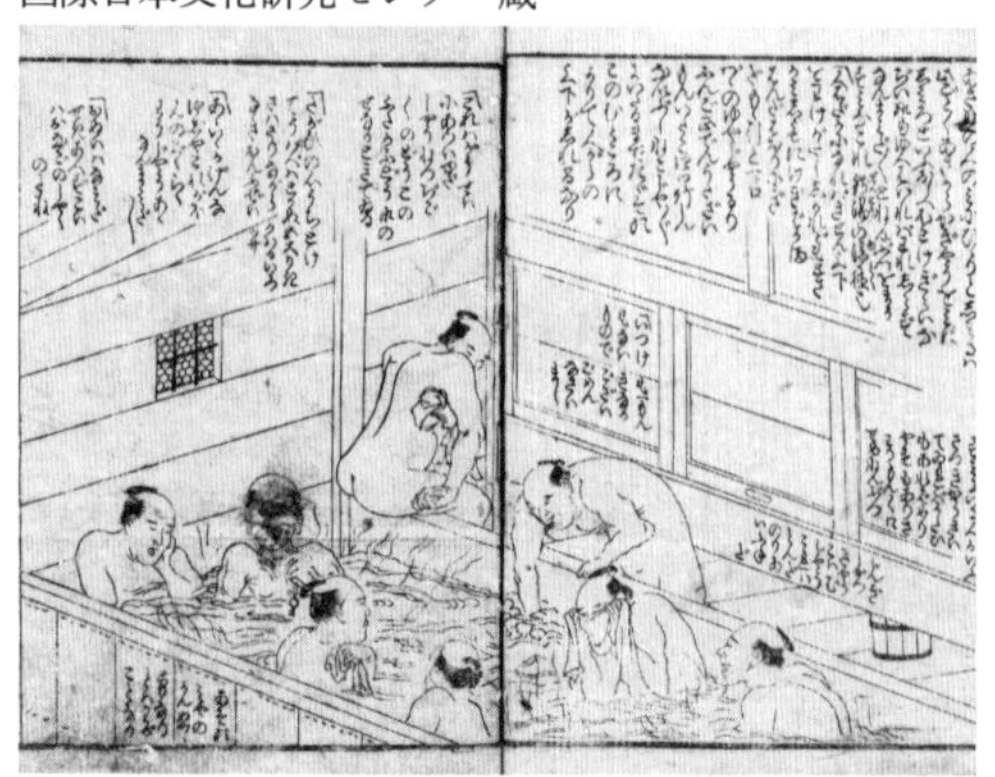

島辺は何度も手ぬぐいを絞り、また体をふくのを繰り返していた。

会沢は洗い場や脱衣場を見渡しながら、感想を述べた。

「仕切りがなく、板壁は隙間風が吹き込むから、冬はさぞ寒いだろうな」

まだ体が濡れている気がしたが、やむなく着物を着こんだ。

脱衣場の片隅にある急勾配の階段を、ふんどしだけを身に着け、着物を脇にかかえた男がのぼっていく。

「男湯には二階に、将棋や碁、茶や菓子などもそなえた娯楽室があるんですよね。ちょっと、のぞいてみますか」

「日も暮れかけてきたので、きょうのところはこのまま帰ろう。次の機会にしよう」


山城屋に戻ると、女中がすぐに膳を運んできた。

ついでに部屋の隅に行灯(あんどん)を置き、灯をともす。

ふたりの前に置かれた膳には徳利(とっくり)で酒が一本付き、豆腐と菜っ葉の汁、蛸(たこ)と芋(いも)の煮物、それに鰺(あじ)の塩焼きが載っていた。

おかずを見て、島辺はさっそく論評したいようだったが、目の前に女中がいて、お櫃(ひつ)から茶碗(ちゃわん)に飯をよそってくれる。そばに給仕の女中がいては、さすがに島辺も言いたいことも言えず、黙々と食べていた。

いっぽう、会沢は予想以上の内容だと思った。

庶民の、とくに商家の奉公人の夕食など、冷飯に湯をかけ、おかずは香(こう)の物だけというのも珍しくない。それだけに、もっと質素な夕食を予想していたのだ。やはり旅籠屋の夕食は格段にぜいたくといえた。

とくに、鯵の塩焼きを口にするのは久しぶりである。妻に死に別れて以来、外食で魚の塩焼きといえば秋刀魚(さんま)か鯖(さば)に決まっていた。鯵を食べるときは、タルタルソースを添えたアジフライである。

鯵の塩焼きを箸でほぐして食べながら、会沢は鯵はもとより飯をいつになく美味に感じた。鯵が飯をおいしくするといおうか。

食べ終わり、膳をさげると、今度は女中が布団を敷いた。

女中が去るのを待っていたかのように、島辺が憤懣(ふんまん)を述べた。

「掛布団の代わりに褞袍(どてら)を持ってきたのですかね。袖がついていますよ」

「この時代の掛布団だよ。夜着(よぎ)とも、搔巻(かいまき)ともいう。テレビの時代劇などを観ると、現代と同じ掛布団をしているが、あれは間違いだ」

「そうなんですか。しかし、この袖は不要な気がするけどな。それにしても、まだ、日が暮れたばっかりですよ。寝つけるものじゃありません」

布団に横たわり、夜着をかぶりながら、島辺がぼやいた。

いっぽうの会沢は敷布団の上に腹ばいになり、あつらえた丸い形の老眼鏡を掛けた。行灯の明かりを頼りに、隠し持っているボールペンで、同じく持参したノートに克明に日記をつけていく。

隣室ではなく、やや離れているのだが、五、六名で泊まっている一団が大きな声で話をしており、それが手に取るように聞こえてきた。酒がはいっていることもあって時々、一座が大笑いする。

「うるさいですね。はた迷惑もいいとこですよ」

島辺がいら立った。

会沢がなだめる。

「部屋と部屋の仕切りは襖一枚、部屋と廊下の仕切りは障子一枚。しょせん、紙でできた仕切りだ。防音効果はゼロ。音が筒抜けなのは当たり前だよ」

「これじゃあ、眠れませんよ」

ぶつぶつ憤懣をつぶやいていた島辺だが、やはり一日の疲れもあり、さらに夕食時に酒を呑んだこともあって、いつしか眠り込んでいた。

島辺のいびきに舌打ちしたい気分の会沢だったが、やはり疲れと酔いでやがて眠りについた。

(三)〝暗い、臭い、危ない〟トイレ事情～町には下肥のにおいが充満

まだ暗いうちに目がさめたのは、山城屋のあちこちで物音がするからだった。もう、出立（しゅったつ）する客がいるようだ。

やがて、明六ツの鐘の音が響いてきた。

「もう夜明けだぞ」

会沢竜真が隣の寝床に声をかけた。

すでに島辺国広も目がさめていたのか、

「いよいよ江戸二日目ですね」

と言いながら、勢いよく起きあがった。

ふたりが階下の洗面所で顔を洗い、口をすすいで部屋に戻ると、もう布団は片づけられていた。

すぐに女中が朝食の膳を運んでくる。

おかずは豆腐の味噌汁、畳鰯（たたみいわし）、それに沢庵（たくあん）だった。女中はお櫃から最初の一杯をよそったが、すぐにあたふたと立ち去る。やはり朝は忙しいようだった。

女中の姿が消えたあと、島辺が気味悪そうに言った。

「この穴のあいた、薄っぺらな物は何ですかね」

「きみは畳鰯を知らんのか。鰯の一種の幼魚を薄く板状につなぎ、干した物だ。私は子供のころによく食べたぞ。そういえば、最近ではとんと見かけないな。二十年くらい昔、どこかの温泉旅館の朝食に出た記憶があるが」

会沢は畳鰯をかじり、なつかしそうだった。

朝食を終えると、女中があらたに炭火を入れた煙草盆を持参した。昨日買ってきてもらった刻み煙草を煙管に詰め、一服する。

「さて、きょうの予定だが、吉原に行ってみようか」

会沢が地図をひろげて言いかけた途端、島辺が立ちあがった。

「ちょっと、糞（くそ）をしてきます。いちいち一階におりなければならないんですから、いやになりますよ。それにしても、小便所で小便はしましたが、大きいのはこれが初めてですからね。どんな便所なのか、ちょっと緊張しますよ」

ぶつぶつ言いながら島辺が便所に向かうのと入れ違いに、女中が現われた。

「お玉が池の相模屋の手代で、伊兵衛という方がお見えですが、お通ししてよろしいですか」

会沢が承諾し、急いで地図を隠した。

ややあって伊兵衛が姿を見せた。

「突然で、申し訳ありません」

「昨日は、お世話になりました」

「とんでもございません。朝から押しかけてまいりましたのは、じつはお願いがございまして。昨日、店に戻って竜真先生のことを主人に話したところ、ぜひ往診をしていただきたいとのことでございまして。

と申しますのは、主人のお嬢さまが目を患（わずら）っておいでなのです。これまで医者にも診（み）せ、霊験あらたかという神仏に参ったりもしたのですが、いっこうに効き目がございません。まさに藁（わら）にもすがる思いでございます。お玉が池までお越しいただけませんか。一刻も早い方がいいのはもちろんですが、先生がお出かけになる前にと思ったものですから、このように朝から参った次第です」

「目はどのような状態ですかな」

「赤目というのでしょうか、白目のところが真赤になってしまったのです」

そこに、島辺が戻ってきた。

「汲み取り便所ですよ。暗いし、臭いし、危ないし。出るものも出ませんよ。ああ、まいった」

まくし立てながら部屋にはいってきたが、伊兵衛が入るのに気付き、しまったという表情になった。どうしていいかわからず、おろおろしている。

会沢が苦々しそうに言った。

「黙って、そこに座っていなさい。

この者は医術の腕はなかなかなのですが、時々、わけのわからぬ独り言を言う癖がありましてな。困ったものです。糞づまりで錯乱したようですな」

叱られて、島辺はしょんぼりしてしまった。

会沢がきっぱりと言った。

「わかりました。外出の予定があるのですが、その前に往診しましょう。下で待っていてくだされ。この者と用意をしますから」

「では、お願いいたします」

伊兵衛が一礼し、階下に行く。

会沢がなかば怒り、なかば笑いながら言った。

「きみは少し軽率だぞ。それはともかく、じつは昨夜、私も大便をしに一階の便所に行ったのだが、足を穴に突っ込みそうになった。まさに『暗いし、臭いし、危ないし』で、出る物も出なかった。私は子供のころ汲み取り便所を経験しているが、その私でさえ、久しぶりの汲み取り便所

便所

図①『会本妃女始』（喜多川歌麿・勝川春潮、寛政2年）国際日本文化研究センター蔵

図①は、裏長屋の総後架（そうこうか）（共同便所）の光景である。ただし、これは春画なので、あけ放った扉から犬が首を突っ込んだり、男が扉をあけようとするなどは誇張だが、そのほかはリアリズムといってよい。陶器製の便器などはなく、床板に穴をあけただけだった。床板の下には便槽として木製の樽か陶器の壺が置かれ、たまった糞尿は定期的に汲み取った。また、扉が半扉なのもわかる。

大森貝塚を発見したアメリカ人の動物学者モースが日本に滞在したのは明治初期だが、当時の便所の状況は江戸時代とまったく同じだった。図②は、モースが泊まった日光の旅館の便所。男用の小便所は別にあった。

旅館の便所も、その基本的な構造は裏長屋の総後架と同じといえよう。

図②『日本人のすまい』（エドワード・モース著、1886年）国際日本文化研究センター蔵

には怖気づいた。きみは生まれたときから水洗便所だろうから、無理はない。だが、これは慣れだ。そのうち、私はもちろんのこと、きみもできるようになるさ」

「そうでしょうか。それはそうと、本当に眼病の患者の診察をするんですか。本当に大丈夫ですか。まさか失敗して師弟ともども召し捕られ、獄門になんかならないでしょうね」

島辺は心配そうだった。

会沢は自信満々で答えた。

「べつに手術をするわけではない。目薬で治ればよし、治らなければ、『蘭方でも手の施しようがございません』と言うしかないな」

階下におり、待ち受けていた伊兵衛と下男の久助にともなわれて神田お玉が池へ向かう。

会沢はつい、「神田お玉が池といえば、北辰一刀流の千葉周作先生の道場があるところですな」と口に出しそうになったが、文政八年の時点で道場があったかどうか自信がなかったため、やめておいた。

島辺は各種の薬を包んだ風呂敷を首に巻いて歩いていたが、足指に傷テープをきちんと貼り直したこともあって、きのうにくらべると歩き方はかなり楽そうだった。

相模屋までの道のりを歩きながら、会沢は江戸の繁華を実感した。きのう歩いた道で目にしたのは、もっぱら武家屋敷と寺院だった。ところが、きょう、歩いている道の両側には果てしもなく町屋が連なり、どこもかしこも人でごった返し、活気に満ちていた。あちこちから食べ物のにおいがただよい、行商人の売り声がひっきりなしに続き、喧噪で沸き立つかのようだった。

島辺がつぶやいた。

「妙なにおいがしますね。何でしょう」

「何のにおいかな。記憶にあるにおいなのだが……」

その会沢の言葉が終わらないうちに、目の前の人の群れが左右に割れ、天秤棒で桶を前後にかついだ若い男が現われた。右手は天秤棒に添え、左手には柄の長い柄杓を持っている。

人々はさっと男を避けながらも、とくに嫌悪している様子はない。みな一顧だにせず、平気で歩き続けている。

すれ違いながら、男がかついだふたつの桶のなかで茶色い液体がタプタプ揺れているのを見て、島辺が会沢の耳元でささやいた。

「うえっ、何ですか、あれ」

「え、下肥を知らんのか。う～ん、きみは汲み取り便所の経験がないのだから、知らないのも無理はないな。さきほど、私は記憶にあるにおいと言ったが、間違っていなかった。子供のころのにおいの記憶は意外とよみがえるものだな」

しみじみとした口調で言いながら、会沢はなつかしそうに肥桶をかついだ男を振り返る。

島辺は気味悪そうに顔をしかめていた。

「あれが下肥ですか。何だか、吐き気がしてきましたよ」

「下肥といっても、けっきょくは便所から汲み取った糞尿だからな。私は千葉県の田舎で育った

糞尿は商品

図①『画解五十余箇条』（昇斎一景）国会図書館蔵

江戸時代後期には人口が百万にも達した大都市江戸では、人々が排泄する糞尿の量も膨大だった。いっぽう、農業の生産性をあげるためには肥料の利用は必須だった。化学肥料がなかった当時、江戸の膨大な糞尿は、近郊農村の農民にとって金を払っても手に入れたい肥料——下肥だった。

こうした都市と農村を結び付ける循環のシステムが、江戸時代に完成した。

農民や、下掃除人と呼ばれる汲み取りの専業者が金（あるいは農産物）を出して、武家屋敷や庶民の家の便所の糞尿を汲み取らせてもらった。裏長屋の場合は、大家に金を払って、総後架の糞尿を汲み取らせてもらった。

こうして汲み取られた糞尿は、江戸の西郊では馬の背で、東郊では舟に積んで農村に運ばれて行き、下肥として農民に売りさばかれた。

図①は、下掃除人が糞尿を入れた肥桶を天秤棒でかつぎ、歩いているところである。人口密度が高かっただけに、江戸の町では見慣れた光景だった。

いっぽう、図②は、供を連れて外出中の武士が便意をもよおし、公衆便所に駆け込んだ光景である。江戸の町にはあちこちに、こうした公衆便所がもうけられていたが、べつに公衆衛生の観点から設置したわけではない。設置者にとって一種の副業だった。というのは、たまった糞尿は下掃除人に売りつけることができたからである。

図②『江戸名所道外尽』（歌川広景、安政６年）国会図書館蔵

から、子供のころは日常的なにおいだったよ。きみが江戸で大便をすれば、やがて下肥として農村に運ばれ、肥料になる。そして、下肥で育った農産物を江戸の人々が食べる。まさにリサイクルだな」

　会沢が愉快そうに笑った。

　ふたりが小声でささやき合っているのを見て、伊兵衛が言った。

「どうかなさいましたか」

「いや、同じ汲み取りでも、長崎と江戸ではかなり違うなと、話していたところです」

　どうにか会沢が誤魔化した。

「ここでございます」

　伊兵衛が示したのは、かなりの大店(おおだな)だった。

　見あげると、黒漆(くろうるし)で枠取りした屋根看板に「さがみ屋　呉服品々」と記されている。店先には多くの男女の客がいて、繁盛しているのをうかがわせた。

　丁稚小僧らしき前垂をした少年に、

「竜真先生がお着きになった。奥に、お知らせしてくれ」

　と命じたあと、伊兵衛がうながした。

「おあがりください。履物(はきもの)は、そのままでけっこうでございます」

　会沢と島辺がにぎやかな店内にあがると、下男の久助がふたりが脱いだ履物を持って、すみやかに去った。

大店はたいてい、表通りに面した一階部分が店舗で、二階は奉公人一同の居室になっている。店舗の奥に台所や便所などが配置され、さらに奥まったところが主人一家の生活の場所だった。

伊兵衛に案内され、店のなかを突っ切ると、奥に通じる廊下がある。

廊下伝いに奥に行き、会沢と島辺が通された座敷は中庭に面していた。中庭には池があり、雪見灯籠(ゆきみどうろう)が立っている。背の低い松が、池の上に大きく枝を伸ばしていた。

座敷で待ち受けていた主人の藤左衛門(とうざえもん)は予想に反して、鶴のように痩(や)せた男だった。会沢はでっぷりとした、貫禄のある人物を想像していたのだ。しかも、表情はどことなく陰鬱(いんうつ)だった。ただし、その挙措(きょそ)には大店の主人らしい折り目正しさがあった。

初対面の挨拶(あいさつ)を終えたあと、藤左衛門は、

「手代の伊兵衛からお聞き及びだと存じますが、あたくしどもの娘の梅(うめ)が……」

そこまで言ったところで、ちょっと眉をひそめて、正座をした尻の位置をもぞもぞと変えた。

「はい、目の病とうかがっております。さっそく診ましょうかな。お梅どのはどこですか」

「では、女中にご案内させましょう」

立ちあがる前に、会沢が言った。

ちょうど茶を持参した女中に、藤左衛門が娘のもとに案内するよう命じた。

「失礼ながら、痔(じ)ではござらぬか」

「えっ、どうしてわかるのです」

藤左衛門の顔に驚きがひろがる。

「それくらいのことはわかります。ちょうど蘭方の妙薬を持っておりましてな。よろしければ、弟子に処方させましょう。ここで、お待ちください」

突然、役を割り振られ、島辺は困惑していた。さらに、痔の治療と知って、怒りもこみあげてきたようである。顔がやや紅潮していた。

けろっとして会沢が女中のあとに続く。やむなく、島辺も不満顔であとに続いた。


女中が部屋の前まで行くと、廊下から呼びかけた。

「お嬢さま、お医者さまがお見えです。はいりますよ」

障子をあけて通された部屋は、いかにも大店の娘らしい華やかさがあった。部屋の隅に置かれた鏡台には蒔絵(まきえ)がほどこされ、そばの壺には赤い花が活けられている。壁には琴が立てかけてあった。

お梅は十六歳くらいであろうか。目を保護するためなのか、紫色の絹布(けんぷ)で目隠しをしていた。そばに初老の女中がいて、話し相手をしていたようだ。

「目を診せてくだされ。布を取ってもらえますかな」

会沢の要請に応じて、お付きの女中が目隠しをはずした。

名前通り梅の花と形容したくなるほどの美しい娘だった。若さが匂い立つばかりである。それだけに、真赤に充血した両目が痛々しかった。

すぐに、たんなる結膜炎だと思ったが、会沢は深刻な顔をしてしばし診察するふりをした。ややあって、重々しく言う。

「盥に熱い湯を入れて、持ってきてくだされ。それに、あたらしい晒木綿を一尺ほどと、懐紙を数枚、用意願います」

「はい、かしこまりました」

女中がすぐに立ちあがった。台所に行き、下女に用意を命じるつもりであろう。

依頼した品々が運び込まれ、どたばたしているなか、会沢が島辺にささやいた。

「荷物のなかから、抗菌目薬を出してくれ。包装の箱から中身だけ抜いてくれよ。それと、痔の座薬があるだろう。それを一個、箱から取り出し、藤左衛門どのに届け、使い方を教えなさい」

「座薬なんて、僕は使ったことありませんよ」

小声ながらも、島辺が憤然として抗議する。

「使用説明書があるだろう。それを読んで、相手に教えればよい。要するに、肛門に押し込めばいいのだから。ともかく早く、座薬を持って行きなさい」

仕方なく、素早く説明書を読んだあと、島辺は座薬を持って藤左衛門のところに向かう。

会沢は目薬を手にすると、お梅に言った。

「目に薬を差しますぞ。顔をあげてくだされ。もっと、天井を向くように。そう」

左の指で瞼をひろげ、右手で押して目薬を垂らす。

目に液体を注がれるなど初めての体験なのか、お梅は体をびくりとさせたが、あとは懸命にこらえている。

両眼に目薬を差し、晒木綿で目やにを拭き取ったあと、たたんで懐紙で包んだ。また、目隠しに使っていた絹布もたたんで懐紙に包んだ。

「これは、このまま竈で焼き捨てなさい。洗ってまた使うなど、けっしてしてはならぬぞ」

そばの女中に渡したあと、会沢は盥の湯でおもむろに手を洗った。

そこに、藤左衛門に座薬の使用法を教えた島辺が戻ってきた。

「きょうのところ、できることはしました。また、あす、様子を見にうかがいましょう」

会沢と島辺が廊下に出ると、ひかえていた伊兵衛が言った。

「主人が、ぜひ一献差し上げたいと申しております。こちらへ、どうぞ」

「いや、せっかくですが、これから用事があります。藤左衛門どのには挨拶もしないままになりますが、急いでおるもので」

「さようですか。では、こちらへ。お履物は裏口にまわしておきましたので」

さきほど、下男の久助がふたりの履物を持ち去ったのは、出口にそろえるためだったのだ。

伊兵衛が裏口に案内しながら、懐紙に包んだものを取り出した。

「これは些少ですが」

「そんなものは不要です」

「いえ、それでは、あたくしが主人に叱られます」

それでも、どうしても会沢が受け取りそうもないと見るや、伊兵衛は島辺にそっと渡した。

江戸の呉服屋

図①『新編金瓶梅』（滝沢馬琴著）国会図書館蔵

江戸の呉服屋には大店が多かった。日本橋駿河町の越後屋（三越デパートの前身）、通旅籠町の大丸（大丸デパートの前身）、それに日本橋通三丁目の白木屋（平成十一年に閉店した東急百貨店日本橋店の前身）などがその代表であろう。

図①は呉服屋で、かなりの大店である。右の軒看板には、「呉服物品々　日本橋　西門屋」、左には「太物類品々　につほんはし　にしかど屋」と記されている。

絹織物を呉服というのに対し、綿織物・麻織物を太物と称した。この西門屋は呉服も太物も扱っていることになろう。

図②は、閉店後の呉服屋の店内。奉公人が総出で、その日の売り上げを集計している。一文銭や四文銭を銭緡に通し、百文（実際は九十六文）にまとめているのがわかる。

もちろん、小規模な呉服屋もたくさんあった。さらに、下級武士や庶民が呉服屋で着物をあつらえることなど、ほとんどなかった。

下級武士や庶民がもっぱら買い物をするのは、図③のような古着屋だった。図で、古着屋の亭主は客に、こう声をかけている。

「なんぞ、ご覧くださいまし」

図②『花曇朧夜草紙』（為永春水二世著、万延２年）国会図書館蔵

図③『江戸久居計』（岳亭春信著、文久元年）国会図書館蔵

（四）新鮮が売りじゃなかった江戸前寿司～発達した水道網、でもキケンな生水

裏口から出た会沢竜真と島辺国広は、伊兵衛の案内で狭い裏庭伝いに、通用門に行った。相模屋の敷地は高い黒板塀で囲まれており、板塀の上には鉄製の忍返（しのびがえし）が植えられている。大店の用心深さをうかがわせた。

通用門を出ると、路地だった。路地には中央部に板が敷き詰められていたが、下にどぶが流れているからだった。伊兵衛が歩くと、下駄の音がどぶ板にゴトゴトと反響した。

路地を抜けて、表通りに出た。

会沢は表通りからあらためて相模屋をながめた。右隣りは質屋、左隣りは薬種問屋で、それぞれ大店だった。通りから見ても、江戸の活況がわかる。

「何のおかまいもせず、申し訳ございません。後ほど、あらためてご挨拶を」

「気になさることはない。こちらの都合ですからな」

伊兵衛に見送られ、ふたりは相模屋をあとにする。

ふたりきりになるや、島辺がさっそく懐紙の包みをあけた。

「なんと、三分（ぶ）はいっていましたよ。おや、先生、僕が受け取ったのを怒らないんですか」

「怒りはしないよ。私が辞退するので、伊兵衛はやむを得ず弟子のきみに渡す。これは一種の江戸しぐさだな。もちろん、『江戸しぐさの正体』（原田実著、星海社新書）に拠（よ）ると、世に喧伝（けんでん）された江戸しぐさなるものは、まったくのいんちきだがな」

「なんだ、要するに芝居だったのですか」

「芝居といっては人聞きが悪い。辞退の儀礼と言いなさい。謙譲の文化といってもよかろうな」

「それにしても金三分といえば、一両の四分の三ですよ。大店ともなると気前がいいですね」

島辺が懐紙ごと差し出した。

会沢は着物の袖に収めながら、

「予期せぬ金が手にはいったから、ここはひとつ奮発して、舟で吉原がよいといこうじゃないか」

と、人目につかない物陰に立った。

ふところから地図を取り出して確認する。江戸切絵図と東京地図を対照した本だが、本のままではかさばるし、また怪しまれてもいけないため、あらかじめコピーし、持ってきたのだ。

「よし、神田川沿いに行けばよいな。神田川が隅田川に注ぎ込むあたりが柳橋（やなぎばし）。柳橋の一帯には船宿（ふなやど）が多い。柳橋で屋根舟を雇い、繰り出そう」

「柳橋から舟で吉原に行くなんて、道楽者の若旦那（わかだんな）の気分ですね」

島辺は落語の吉原がよいの場面を思い出したのか、浮き浮きしている。もう、足の痛みはまったく気にならないようだった。

そろそろ柳橋かなと思われるころ、島辺が道端の屋台を見て、声をはずませた。

「寿司（すし）の屋台が出ています。江戸で、本場の握り寿司を食べてみたかったのですよ。先生、食べていきましょう」

「うむ、よかろう。ただし、魚の鮮度が気にならないでもないが」

「江戸前の魚を使っているのですから、鮮度は抜群にいいにきまっていますよ」

島辺が自信たっぷりに断定し、屋台の前に立った。

大きな木の台がやや斜めになっていて、客に見やすい形で各種の握り寿司が並べられている。見慣れている握り寿司とはやや外見が異なるため島辺も戸惑っていたが、まずは、もっともわかりやすい穴子を手に取った。

会沢は魚は避け、海苔(のり)巻や玉子にしておくつもりだった。生ものへの警戒はもちろんだが、屋外で風にさらされているだけに、寿司が埃をかぶっているであろうことも気になった。

手に取った寿司をひと口たべ、あらためて検分しながら島辺が論評した。

「穴子の味はほぼ現代と同じですね。やや味が濃いかな。それにしても、シャリが大きいですね。現代の寿司の二倍から三倍くらいはありますよ」

「これが本来の握り寿司だよ。現代は妙に上品になってしまったのさ」

「おにぎりの上に具がのっている感じですかね。それにしても、見たところネタは生じゃないですね。みな、調理しているみたいですよ」

「いくら江戸湾で獲れた魚でも、冷蔵庫も氷もないんだから、生のままだと、たちまち腐ってしまう。それを避けるため、火を通すか、酢でしめるかするんだよ」

手ぬぐいでねじり鉢巻きをした寿司屋は、ふたりが小声で交わす会話がまったく理解できないのか、ポカンとした顔でながめていた。九州、あるいは奥州の方言と思っているのかもしれない。怪訝そうにしながらも商売柄、しつこく寿司にたかる蠅(はえ)を、手にした団扇(うちわ)で器用に追い払っている。

　飛びまわる蝿を見た途端、会沢はすぐに、さきほど見かけた肥桶を思い出した。蝿の幼虫である蛆は汲み取り便所の便槽にわく。しかし、さすがにその場で島辺に蝿の存在を指摘するのはやめておいた。

　ふたつめを頰ばりながら、島辺が言った。

「こはだです。ところで、見たところ、僕の好きなサーモンはないみたいですね」

「おいおい、鮭を寿司ネタにするのは近年、回転寿司が始めたことだぞ。私が若いころには、握り寿司にサーモンなどなかった」

　会沢が苦笑しながら言った。

　こはだを食べ終え、島辺がため息をついた。

「ふーっ、もっと食べようと思っていたのですが、ふたつで腹いっぱいになりましたよ」

「そうだな、私もふたつで充分だ」

　同じく会沢も満腹を感じた。

　それにしても、「おにぎりに具がのっている」という島辺の表現はなかなか秀逸だった。握り寿司が庶民の簡便な食べ物だったことがわかる。会沢は雑誌の江戸特集に「握り寿司は江戸のファストフード」という見出しがあったのを思い出し、まさにその通りだと納得した。江戸では握り寿司はけっして洗練された、手の込んだ美味ではなかった。

　いざ勘定となり、値段はすべてひとつが八文だった。

江戸の寿司

図①『絵本吾妻抉』（北尾重政、寛政９年）国会図書館蔵

現在、握り寿司は「鮮度のいい魚介類を、ふんわり固めた酢飯の上にのせたもの」というイメージが強い。

しかし、寿司は本来、琵琶湖の「鮒（ふな）ずし」に代表されるような、長期間漬けこんでできあがる発酵食品だった。その後、完成までの時間を短縮した「箱ずし」や「押しずし」が上方（かみがた）でくふうされ、江戸にも伝わり、屋台店などで売られるようになった。

図①は、屋台の寿司屋だが、刊行年が寛政九年（一七九七）であることを考えても、並べているのは上方風の寿司であろう。

箱ずしや押しずしよりもさらに時間を短縮するため、江戸であらたに考え出されたのが握り寿司で、文政五、六年（一八二二、二三）ごろに両国の華屋与兵衛が始めたというのが通説となっている。その手軽さから、屋台店が多かった。

図②は、屋台の寿司屋で、男が立ち食いをしようとしている。屋台に並べられているのは握り寿司である。当時、握り寿司は庶民の簡便な食べ物だった。

握り寿司のネタに使われたのは鯵（あじ）、穴子、こはだ、烏賊（いか）などの魚介類だが、冷凍・冷蔵庫がないため生ではなく、火を通したり、酢じめにして用いることが多かった。屋台では一個四文から八文くらいで、現在の握り寿司にくらべるとシャリがはるかに大きかった。

図③で、幕末期の寿司ネタがわかる。

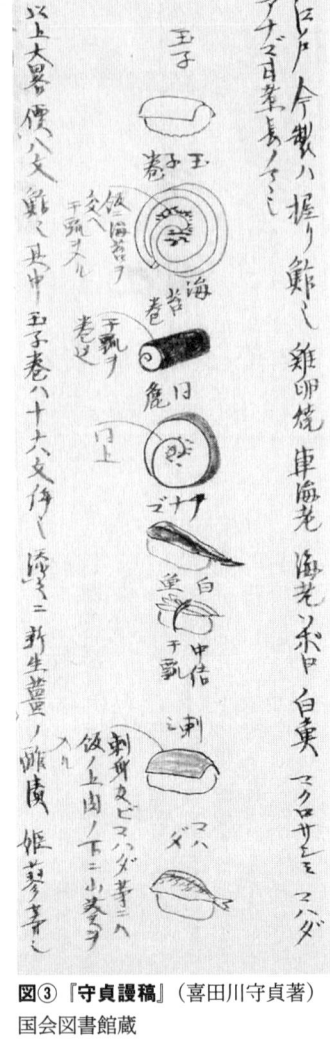

図②『百人一首地口絵手本』（梅亭樵父著）国会図書館蔵

図③『守貞謾稿』（喜田川守貞著）国会図書館蔵

髪を島田に結(ゆ)った若い女が素足に朱塗(しゅぬ)りの駒下駄(こまげた)を履き、左褄(ひだりづま)を取って歩いている。そのあとから、萌黄(もえぎ)の風呂敷に三味線箱を包み、肩にかついだ男が従っていた。

会沢が肘でつついた。

「おい、柳橋の芸者だぞ」

ところが、何の反応もない。

見ると、島辺はやや体をかがめ、苦しそうに顔をゆがめている。

「おい、どうした」

「トイレに行きたいんですよ」

「えっ、大きいほうか」

「はい、急に下腹が痛くなってきて」

「船宿で便所を借りよう。もう少しの我慢だ」

もう、芸者どころではない。

しばらく行くと、入口の腰高障子に「船宿　若竹屋」と書かれた、二階建ての建物があった。

会沢が土間に足を踏み入れるや、黒繻子(くろじゅす)の帯を締めた女将(おかみ)らしき女が愛想よく声をかけてきた。

「いらっしゃりませ。どちらへ」

「堀までやってもらいたいが、その前に、雪隠(せっちん)を借りたい。わしではなく、この者じゃ」

山谷堀(さんやぼり)のことを、吉原関係者や通人は気取って「堀」という。女将は問い返すこともなく、堀でちゃんと理解していた。

「かしこまりました。こちらへどうぞ」

女将が先に立ち、土間伝いに奥に島辺を案内する。

首に巻いた風呂敷包を上框(あがりかまち)に置くと、島辺はやや前かがみになり、よたよたとした足取りで女将の後に続く。その表情はかなり苦しそうだった。

すぐに女将は戻ってきた。

「まず一服、召し上がりませ」

上框に腰をかけた会沢のそばに煙草盆を置いた。続いて、茶を持参する。

会沢は煙管を取り出し、煙草を吸いながら島辺を待ったが、いっこうに戻ってこない。

心配し始めたころ、ようやく島辺が姿を見せた。顔にはあきらかに憔悴(しょうすい)の色がある。恨みがましい目つきで会沢をにらんだ。

「先生、先生と何度も呼んだんですよ」

「えっ、聞こえなかった。どうか、したのか」

「紙がなかったんですよ」

それを聞いた途端、会沢は吹き出しそうになった。だが、島辺のなんとも情けなさそうな顔を見ると笑うわけにはいかない。こみあげてくる笑いの発作を懸命にこらえた。

「私の子供のころ、家の便所には竹籠などにチリ紙や、新聞紙を切った物がはいっていた。しかし、学校などの便所には紙は用意されていなかった。そのため、便所に行きたくなった者が、『誰かチリ紙、持ってないか?』と、まわりに聞いていることがあったな。で、どうしたんだ」

「大声で叫んでいたものですから、人が気づいてくれましてね。紙をもらいました」

「そうか。で、腹具合はどうなんだ」

「ひどい下痢です。もう、暗い、臭い、危ないなんて言ってられません。しゃがんだ途端、ピーピー、シャーシャーでして」

「すぐに下痢止めの薬を呑んだほうがいい。さいわい、風呂敷包にはいっているはずだ」

女将が島辺に茶を持参した。その茶で、さっそく島辺が薬を呑む。

「そろそろ、出しますか」

ふたりの様子を見て、女将が尋ねた。

会沢がうなずいたのを見て、二階に向けて声を張りあげる。

「庄八（しょうはち）どん、屋根を用意しなせえ。堀までだよ」

「おーい」

返事をして、急勾配の階段を船頭の庄八がおりてきた。二階で昼寝でもしていたらしい。木綿の着物に幅の狭い帯を締め、手拭いを腰からさげている。船頭は粋ないでたちと思っていただけに、会沢はそのだらしないかっこうにやや意外な気がした。

薬を呑み終えた島辺は船頭の姿を見るや、あわてて言った。

「舟に乗る前に、もう一度、行ってきます」

「では、これを持っていきなさい」

会沢が懐紙を取り出し、渡した。さきほど伊兵衛にもらった、金三分を包んでいた紙である。

江戸の便所では普通、悪紙（わるがみ）と呼ばれる漉（す）き返した再生紙を使う。高級な懐紙で尻を拭くと知り、女将は目を丸くしていた。便所を二度も借りたほか、船頭を待たせることになる。会沢はここは船賃のほかに、祝儀（しゅうぎ）をはずまねばなるまいと思った。

　桟橋から屋根舟に乗るに際し、会沢も島辺も戸惑いながらだったが、「屋根舟に乗るのは初めてでしてな」という言い訳はさほど不自然ではない。船頭の庄八に教えられ、履物を脱ぎ、体をかがめて座敷にはいった。

　座敷には畳が三枚敷かれていた。庄八が、煙草用の火種を入れた火縄箱（ひなわばこ）を座敷の隅に置いた。煙草を吸う客にとって火種は必須だった。

　隣の桟橋では、ちょうど猪牙舟（ちょきぶね）が客を乗せて戻ってきたようだった。あちこちで、船頭と船宿の奉公人が言葉を交わしている。

「さあ、やりやすぜ」

　庄八は手にした棹（さお）で、川底を押す。

　桟橋の端まで見送りに来た女将が、「はい、さようなら、ご機嫌よう」と愛想よく言いながら、船首に手をかけ、押し出す仕草をした。

　舟は庄八の棹さばきでゆっくりと桟橋を離れ、神田川をくだり始める。

　神田川から隅田川にはいると、棹から櫓（ろ）に切り替える。庄八は船尾に立ち、櫓を漕ぎ始めた。

　庄八の背後に両国橋があり、橋を渡る人々の姿が見えた。

船頭には会話が聞こえないのを見越して会沢が、元気のない島辺に言った。

「これから隅田川をさかのぼる。ところで、具合はどうだ」

「最悪ですよ。下痢は、さっきの寿司が原因じゃないですかね」

「きみが腹が痛くなったのは、寿司を食べてからせいぜい五分ほどあとだろう。いくらなんでも早すぎる。原因は寿司ではあるまい。ほかに、何か思い当たることはないか」

「そういえば、朝、水を飲みました」

「えっ、いつ水を飲んだんだ」

「けさ、糞をしに行って、出なかったときです。二階に戻ろうとすると、台所で若い女が桶から瓶(かめ)に水を移していたので、『その水はどこから汲んできたんだい』と聞いたのです。すると、『井戸から汲んできたばかりですよ』と言うじゃありませんか。僕は無性に水が飲みたくなりましてね。柄杓(ひしゃく)を借りて、瓶の水を飲んだのですよ」

「生水は危険だと言ったろうよ」

「でも、汲みたての井戸水ですから」

「おいおい、江戸の井戸は、地下水を汲み出す掘り抜き井戸ではないぞ。井(い)の頭(かしら)池や多摩川から延々と引いてきた水を、地下に埋めた木樋(もくひ)で各所に送り、井戸で汲み出す。井戸水といっても、もとをただせば池や川の水だ。見た目は澄み切っていても、ミミズやゴキブリの死骸、野良犬の大小便が溶け込んでいるかもしれん」

「あーっ、そうでしたね。江戸の井戸について本で読んだことがあったのですがねぇ。うっかりしていました」

島辺は自分の失敗になんとも無念そうだった。若い女に勧められ、つい飲んでしまったのかもしれない。

「痛みはどうなんだ」

「痛みは我慢できますが、トイレは我慢できないですからね。またトイレに行きたくなるのが心配というか、不安というか」

とうとう、島辺はその場に寝ころんでしまった。

簾は巻きあげているため、舟のなかから水面も対岸も見渡せる。会沢は左手の岸に、川面に枝を突き出した松の木があるのに気付いた。有名な首尾の松に違いない。

反対側の右手の岸に、大木がそびえているのが見えた。肥前平戸新田藩松浦家の上屋敷にある椎の巨木に違いなかった。松浦家の屋敷は俗に椎木屋敷と呼ばれている。

会沢は江戸の文芸で有名な首尾の松や椎木屋敷を目の当たりにして、感動がないわけではない。しかし、どれも実際にながめると何の変哲もない光景だった。少なくとも、絶景とはいえない。

首尾の松や椎木屋敷について、会沢は蘊蓄と感慨を語りたかったのだが、島辺は目を閉じて横たわったまま時々、眉をひそめている。断続的に腹痛が襲ってくるようだった。

会沢は火縄箱の火種で煙草に火を付け、煙管をくゆらせながらひとりで両岸の景色をながめた。

前方に吾妻橋が見えてきた。

吾妻橋を潜り抜けてしばらく進むと、左手が山谷堀である。

各種の舟と船宿

図①『絵本江戸みやげ』（安永８年）国会図書館蔵

江戸の町には縦横に掘割（運河）が走り、隅田川に結ばれていた。さらに隅田川は掘割で中川、江戸川、利根川に通じ、江戸（東京）湾に流れ込む。江戸の物資輸送の主役は水運だった。

図①は、隅田川に各種の舟が行き交っている光景である。場所は浅草あたり。左から猪牙舟、屋根舟、渡し舟、高瀬舟で、渡し舟には馬が乗っている。

いっぽう、掘割や川に面して各地に船宿があった。船宿は屋根舟や猪牙舟を所有していて、もっぱら人間を運んだ。なお、屋根舟と屋形船はしばしば混同されるが、屋根舟は四、五人乗り。屋形船は優に四十人は乗れる大型の行楽船である。

猪牙舟や屋根舟は吉原や深川などの遊里に行く男が利用したし、屋根舟は川遊びなどにも利用された。

図②は、掘割に面した船宿。掛行灯には「ふね宿」と記されている。桟橋に猪牙舟や屋根舟など数艘が係留されているようだ。

船賃は、『守貞謾稿』（幕末期）に拠ると、柳橋から山谷堀まで、およそ三十町（約三・三キロ）が、猪牙舟百四十八文、屋根舟は、一丁櫓（船頭ひとり）で三百文、二丁櫓（船頭ふたり）なら四百文だった。ただし、猪牙舟や屋根舟を雇った場合、船頭に別途に祝儀を渡すのが通例である。

図③では、柳橋と神田川、隅田川、さらに両国橋の位置関係がわかる。図の下を流れているのが神田川で、下流の河口付近に架かる小さな橋が柳橋である。同時に、柳橋は一帯の地名でもあった。柳橋には船宿のほか料理屋も蝟集していて、そのため芸者も多かった。

図②『音曲情糸道』（東里山人著、文政３年）国会図書館蔵

図の左に、いましも柳橋の船宿に戻ってくる屋根舟と猪牙舟が描かれている。大きく描かれている川が隅田川。このあたりでは、隅田川は大川と呼ばれた。右手に架かる大きな橋が両国橋で、橋の右側が両国橋西詰、左側が両国橋東詰である。両国橋西詰は両国広小路とも呼ばれ、江戸随一の盛り場だった。

図③『絵本江戸土産』国会図書館蔵

（五）今なら淫行の吉原遊び ～ 高嶺の花の吉原、庶民は深川などの岡場所へ

山谷堀は隅田川に注ぎ込む掘割の名称だが、一帯の地名にもなっていた。山谷堀にはおよそ五十軒もの船宿が櫛比していたが、客は吉原で遊ぶ男や、吉原の関係者が多かった。

山谷堀の桟橋で舟をおりると、まず島辺国広は船頭の庄八に案内された船宿で便所を借りた。

会沢竜真は船宿にははいらず、外で待っていると、思ったより早く島辺が戻ってきた。

「具合はどうだ」

「朝飯と、さっきの寿司が全部出たみたいで、だいぶおさまってきました。薬が効いてきたようです」

「さて、どうやって行くかな」

船宿の前の道には多くの辻駕籠がいた。人足たちが、

「駕籠やろう、駕籠やろう」

「旦那、大門までやりましょう」

と、しきりに声をかけてくる。

会沢と島辺も吉原に行くと見られていた。

「駕籠にしようか」

「駕籠には乗ってみたかったのですが、途中でトイレに行きたくなると困りますからね。歩くと、どれくらいかかりますかね」

「もう少し行くと、日本堤という土手道がある。俗に『土手八丁』という。吉原の大門まで土手道を八丁という意味なので、距離はおよそ八百七十メートルかな」

「途中、トイレはありますかね」

「日本堤には茶店があるので、きっと便所もあるだろう。もしなければ、土手をおりて、草むらで野糞をすればいいさ」

「そういえば登山のとき、野糞したことがあります。わかりました、歩きましょう」

　ふたりは駕籠の誘いを振り切り、歩き出した。

　日本堤にのぼると、あとは一本道である。

「日本堤は、まわりより高くなっているんですね」

「もともと隅田川の氾濫を防ぐ土手だったからな。およそ百七十年前、吉原が元吉原からいまの場所に移ってきたとき、この土手を吉原に通じる道にして、日本堤と名付けたわけだ」

　多くの男が行き交っていた。遊客だけでなく、天秤棒で荷をかついだ行商人も多い。吉原は人口が密集し、金遣いの荒い者も多いだけに、行商人にとっては効率のよい場所だった。駕籠の往来もひっきりなしである。

　こうした人出をあてこみ、日本堤の両側には葦簀張りの簡便な水茶屋が並んでいる。会沢はそれとなく内部をのぞいてみたが、あまりに簡便な作りで、とても便所を設ける余裕はなさそうだった。もし便所があったとしても、せいぜい桶を置いただけであろう。

　左手を指差し、島辺が言った。

「見えてきましたよ。でも、まわりは田んぼですね」

左手に、吉原の威容が見えてきた。堀と塀にかこまれた広大な敷地にびっしりと建物が建ち並んでいるが、堀の外には田んぼがひろがっている。周囲が農地だけに、かえって吉原の威容が際立つのかもしれない。

「わざわざ辺鄙(へんぴ)な場所に遊廓を造成したわけだからな。江戸の中心部からは不便なところだよ」

日本堤は周囲より高くなっているため、吉原にはゆるやかな坂をおりていかねばならない。坂をくだり、しばらく歩くと大門があった。大門までの道の両側には引手茶屋(ひきてぢゃや)や飲食店、その他商店が軒(のき)を連ね、吉原から戻る客を目当ての辻駕籠も多い。

「吉原細見(さいけん)、吉原細見」

手拭いをかぶり、多数の冊子をかかえた男が声を張りあげていた。

「先生、吉原細見ですよ」

「よし、何よりの江戸土産(みやげ)になる」

会沢はさっそく吉原細見を購入した。

大門を前にして、島辺が感想を述べた。

「意外と小さいというのか、質素な門ですね」

「そうだな。豪壮とか華麗には程遠い。しかし、大門から一歩踏み込むと、そこは別世界という効果を狙っているのかもしれないな」

「なるほど。さあ、大門をくぐって、別世界に行きますよ」

仲の町と呼ばれる大通りがまっすぐに伸びている。仲の町の両側には、さほど大きくはないが瀟洒な二階建ての建物が軒を連ねていた。すべて、引手茶屋である。

「ほう、これまで見た街並みとはまったく違いますね」

「やはり、華やかだな」

「なんとなく、ディズニーランドに入場したときに似ていませんか」

「なるほど、別世界を演出しているという点では、きみの観察は正しいぞ」

仲の町を歩いていた人々のあいだから、どよめきがおきた。みな、いっせいに一方向に歩き出す。花魁道中が仲の町に登場したのだ。

若い者と呼ばれる男の奉公人が、家紋を記した大きな提灯をさげて先導していた。そのあとを、絢爛豪華と評するにふさわしい衣装と髪飾りを身に着けた花魁が、黒塗りの高い下駄でゆったりと歩く。左右には禿がいて、背後から若い者が長柄傘を高々と掲げていた。そのあとに、下級遊女である新造が五、六名従っている。列の最後にいる、やや年配の女は遣手だった。

「ほほ〜、美しいものじゃ」

あちこちから歓声があがった。

なかには事情通がいる。

「扇屋の花扇じゃ」

「ほう、あれが花扇か。まるで天女のようじゃのう」

見物人は男だけではなく、女も少なくなかった。

「ああ、これで思い残すことはないぞ」

高齢の男が、連れの男に向かって述懐していた。吉原見物に来た以上、何が何でも花魁道中を見たかったのであろう。もし田舎から出てきたのであれば、花魁道中や遊女を見物したのが国へ帰ってからの何よりの自慢となろう。

花魁道中の進行にともない、見物人もぞろぞろ移動していく。

人々が口々に何かを言っているため、島辺もとくに声をひそめるでもなかった。

「美人には違いないのですが、あまりに白粉（おしろい）を塗りたくっているので、年齢がまったくわかりませんね」

「先頭の花魁はおそらく十八くらいだろう、少なくとも二十歳にはなっておるまい」

「え、未成年なんですか」

「この時代、未成年の考え方はないからな。女を年齢ごとに分けて、十三、四〜二十歳を新造（しんぞう）、二十〜三十二、三歳を中年増（ちゅうどしま）、三十二、三歳〜を年増（としま）と呼んだ」

「二十歳を過ぎるともう中年増なんですか」

「女は十三歳くらいから適齢期で、二十歳くらいまでが娘盛（ざか）りだった。女が一番若々しく、美しいときがすなわち遊女も全盛といえよう。現在、十八歳未満の女性が性風俗店で働くのは禁止されている。吉原の妓楼（ぎろう）の楼主が聞けば、『一番高く売れる時期を逃し、もったいない』と、あきれるかもしれんな」

「十八歳未満でも合法なんですね。そうか、江戸では許されるんだ。あの遊女を指名することはできるでしょうか」

島辺の口調は急に熱を帯びてきた。さきほどまでの憔悴ぶりが嘘のようである。

ふところに収めていた吉原細見を、会沢がやおら取り出した。

「さきほど、誰やらが扇屋の花扇と言っていたな。提灯や傘にも扇がデザインされていた。吉原細見でたしかめてみよう。うん、ここに出ている」

会沢が吉原細見の該当箇所をひらいた。

島辺が横からのぞき込む。

「扇屋は江戸町一丁目の大見世だ。花扇は、扇屋でも最高位の呼出し昼三だぞ」

「最高位は太夫じゃないんですか」

「太夫の称号は宝暦年間に廃止された。文政八年のいまから六十年以上も昔のことだ。この時代、最高位の花魁は呼出し昼三と呼ぶ。呼出し昼三の揚代は一両一分だぞ」

「一発の値段が一両一分ってことですか」

「きみの表現は下品だが、意味は明確だな。その通り。ただし、大見世の呼出し昼三ともなると、揚代だけではすまない。まずは引手茶屋にあがって案内を頼まなければならないので、その費用もかかる。豪華な仕出料理を取り寄せて宴会をし、幇間や芸者を呼んで雰囲気を盛りあげ、若い者にも祝儀をはずみ……となると、総額は十両近くなるだろうな。そもそも、十両も持っていないぞ」

うか」

「やはり十八歳未満ですか。これぞ江戸ならではの体験ですね。とりあえず、見てまわりましょ

「部屋持の年齢は十六歳くらいかもしれん」

「ということは、部屋持の揚代は呼出し昼三の十分の一ですね。そんなに格差があるのですか」

「同じ花魁でも下級の部屋持(へやもち)だと、揚代は金二朱だ。これだと、どうにか工面できそうだぞ」

同情して、会沢が吉原細見をたしかめる。

さすがに島辺は落胆の色を隠せない。

「では無理ですね」

仲の町の両側に軒を連ねた引手茶屋がところどころ途切れ、木戸門が設けられていた。木戸門をはいると、妓楼の並んだ表通りである。

会沢と島辺は、「角町(すみちょう)」と記された提灯のかかった木戸門をくぐった。角町の表通りである。

表通りにもかかわらず、さほど人は多くなかった。そぞろ歩きする客よりも、むしろ行商人や按摩(あんま)の姿が目立つほどだった。

「なんだか、閑散としていますね」

「昼間だからな。吉原がにぎわうのは何といっても日が暮れてからだ。昼間は登楼(とうろう)する客より、見物して歩くだけの男が多い」

「張見世(はりみせ)をのぞいている男もいますが、冷やかしですかね」

妓楼は表通りに面して、張見世という、格子張り(こうし)の座敷を設けている。張見世に遊女がずらりと居並び、客は格子越しにながめて、相手を決める。

さっそく、島辺が妓楼の張見世の前に立った。顔を格子にくっつけるようにして、内部をのぞき込む。

そのとき、ひとりの遊女が格子のそばににじり寄ってきた。くわえていた煙管を口から放し、格子の隙間から吸口を島辺に向けて差し出した。

「お吸いなんし」

「うわっ」

島辺が弾(はじ)かれたように格子から離れた。

遊女は顔をしかめ、自分を露骨に避けた男をにらみ、

「好きいせん」

と、聞こえよがしになじった。

張見世の前から逃げ出した島辺に、会沢も苦言を呈した。

「おいおい、吸いつけ煙草を男に差し出すのは、遊女のほうが気に入り、誘っているんだぞ。いくらなんでも失礼だろうよ」

「それはわかっているんですがね。僕も最初は美人だなと思って見つめていたのですよ。ところが、格子のそばまできてにっこり笑うと、真黒な歯が見えましてね。ギョッとして、反射的に身を引いてしまいました」

「吉原の遊女はお歯黒をする。同じ遊女でも、岡場所の女はお歯黒はしない」

「そうなんですか。いくら美人でも、真黒な歯でくわえていた吸口はいやですよ。とにかく、僕はお歯黒は生理的に駄目ですね。もう、吉原は見物だけにしておきます。それに、きょうは腹の調子もよくないし。今度は、深川あたりの岡場所に行きましょう」

「いいだろう、私も深川には行きたいと思っていた。深川には岡場所がたくさんあるからな」

歩いているうちに、島辺が下腹を押さえた。

「また、行きたくなってきました。妓楼のトイレは借りられませんかね」

「妓楼にあがって、糞（くそ）をしただけで帰るわけにはいくまい。困ったな。そうだ、揚屋町（あげやまち）に行こう。揚屋町には商家があるので、雪隠を借りられる」

ふたりは角町の表通りからいったん仲の町に出たあと、揚屋町の表通りにはいった。

揚屋町には妓楼は一軒もなく、表通りの両側には各種の商店が並んでいる。商店と商店のあいだには、奥にはいっていく路地があった。

「このあたりの町並みは、吉原とは思えませんね」

「揚屋町には商人や職人、芸人が住んでいる。みな、妓楼にかかわる仕事をしているがな。このため、吉原のなかだけでほとんど用が足せるのさ。とりあえず、この奥にはいってみよう」

会沢が先に立って、路地を奥に進んだ。

路地の両側には長屋が続いている。しばらく進むと、ちょっとした広場があり、掛行灯に「御薬湯」と記した、大きな二階建ての建物があった。湯屋らしい。会沢は薬湯なるものに興味があったが、いまは島辺の事情を優先せざるを得ない。

　湯屋のそばに井戸があり、さらにその横に総後架（そうこうか）と呼ばれる共同便所があった。とくに便所を意味する表示があるわけではないが、一帯にただようにおいから便所なのはあきらかだった。

「ああ、助かった」

　島辺が足早に総後架に向かった。

　どこやらから三味線の音色が響いてくる。近くの裏長屋に芸者が住んでいて、稽古をしているのだろうか。

（これが江戸の音なのか）

　会沢は立ったまま、じっと聞き入った。もちろん、三味線は歌舞伎や文楽（ぶんらく）などで聞き慣れていたが、いま江戸にいるのだと思うと感慨深かった。

　今度は、赤ん坊の泣き声が聞こえてきた。吉原に赤ん坊は不釣り合いだったが、揚屋町は普通の町屋と考えると、とくに異質ではないことになろう。


「水みたいなのが出ただけでした。もう、胃腸は空（から）っぽですね」

　総後架から戻った島辺が報告した。

　会沢が冷やかした。

「きみはもう、すっかり汲み取り便所に慣れたじゃないか」

「慣れたわけじゃないんですが。切羽詰（せっぱつ）まると、人間は何でもできるものですね」

「そのうち、お歯黒にも慣れるだろうよ」

「慣れる前に、東京に戻ります」

笑いながらふたりで歩き出す。

その後は、いろんな妓楼の張見世を見てまわったが、島辺も格子に顔を押しつけるほど熱心ではないため、遊女から吸いつけ煙草を勧められることもなかった。

せっかく吉原に来た以上、会沢としては江戸町二丁目にある菓子屋「竹村伊勢（たけむらいせ）」で、吉原名物にもなっている「最中（もなか）の月」と「巻煎餅（まきせんべい）」を賞味したかった。戯作（げさく）などにも出てくることから名称は知っているが、いったいどんな菓子なのか、実際に食べてみないことにはわからない。しかし、島辺が下痢で苦悶（くもん）しているとき、自分だけむしゃむしゃ食べるのはためらわれた。

けっきょく、江戸町二丁目では竹村伊勢の店構えをながめただけで終わったが、表通りを黒羽（くろは）二重（ぶたえ）の小袖に黒羽二重の羽織で、腰には脇差を差し、頭には角頭巾（すみずきん）をかぶった男が歩いているのを見て、島辺がささやいた。

「ほら、あの男、きっと医者ですよね。先生よりはだいぶ若いですが」

「いや、おそらく僧侶だな」

「え、どうしてそんなことがわかるんです」

「僧侶は女郎買いをすると女犯（にょぼん）の罪で罰せられる。そこで、僧侶が遊里で隠れ遊びをするときは、剃髪（ていはつ）している医者をよそおうのが定番なんだよ」

「でも、あんなかっこうで寺を抜け出ると、かえって目立つじゃないですか」

「そこで、山谷堀の船宿の出番となる。船宿の二階を借り、墨染の衣から医者のよそおいに変身する。あらかじめ衣装一式はあずけておくわけだ。帰りは逆で、医者から僧侶に戻る」

「なるほど、坊主の隠れ遊びですか」

「山谷堀の船宿は吉原遊びの中宿ともいわれた。中宿は中継場所の意味だ。要するに、客の事情に応じて便宜を図ってくれるわけだな」

三人連れの武士が張見世の前に立ち、熱心にのぞき込んでいた。勤番武士であろう。あきらかに見物だけとわかるため、格子の内側の遊女も吸いつけ煙草を差し出すこともしないようだった。

藩主の参勤交代に従って江戸に出てきた勤番武士は、何よりもまず吉原に行きたがった。ただし、金銭的な余裕がないため吉原は見物だけであり、実際に女郎買いをするのは岡場所か、宿場の内藤新宿か品川だった。

「玉子ぉ、玉子ぉ」

竹籠を手にさげた男が声をあげて歩いていた。鶏卵は高価だが、精力がつくということから吉原ではよく売れた。

「さて、山城屋の夕飯に間に合うよう、そろそろ戻ろうか」

ふたりは大門を出ると、日本堤を歩いて山谷堀に戻った。

到着したときに雪隠を借りた船宿で、柳橋まで屋根舟を雇ったが、ここでも島辺が乗船の前に、「念のため」と称して、またもや雪隠を借りた。

吉原細見

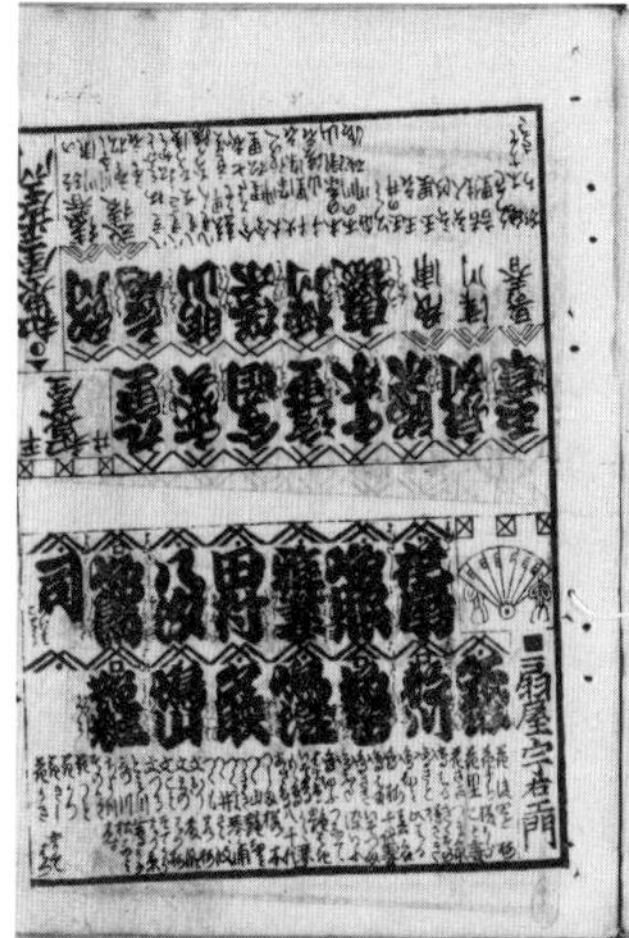
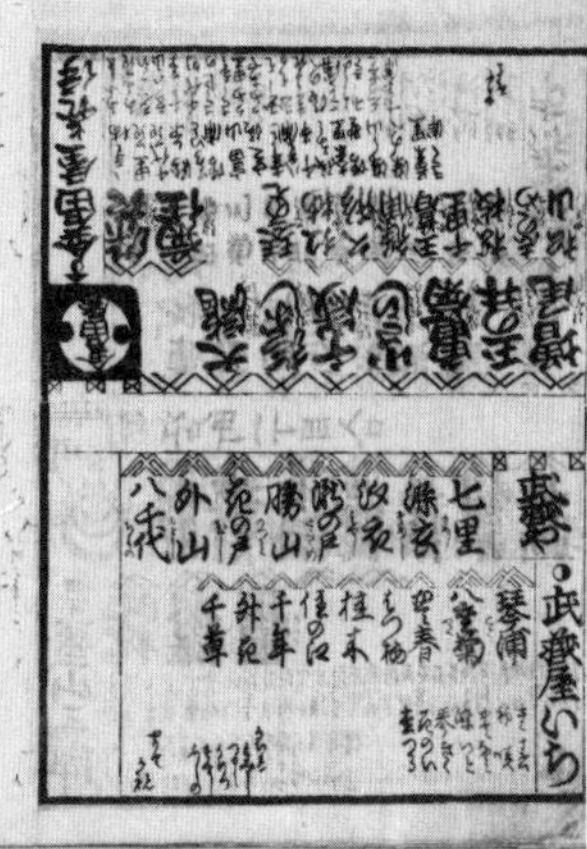

図①『吉原細見』（文政８年）国会図書館蔵

『吉原細見(さいけん)』は、妓楼の名称と場所、遊女の名と揚代（料金）などを詳細に記した、吉原遊興のガイドブックである。

いわば情報誌であるため、毎年のように改訂され、最新情報が記載されている。確実な売り上げが見込めるため、複数の版元（出版社）から刊行された。

吉原の廓内はもちろん、各地の盛り場で、図②のような細見売りと呼ばれる男が声をあげ、売りさばいた。実際に吉原で遊興する男が参考にしたのはもちろんのこと、地方から出てきた人が江戸土産として買い求めることも多かった。

図①は文政八年（一八二五）版の『吉原細見』で、版元は蔦屋(つたや)である。

図②『世渡風俗図会』（清水晴風編）国会図書館蔵

吉原

吉原は塀と堀で囲まれており、大門(おおもん)が唯一の出入り口である。

大門をはいると、仲の町(なかのちょう)と呼ばれる大通りがまっすぐに伸びている。図①は、仲の町のにぎわい。仲の町の両側には、引手茶屋(ひきてぢゃや)が軒を連ねていた。

金に余裕のある客はまず引手茶屋にあがり、その後、引手茶屋の案内で妓楼に向かう。妓楼でも、引手茶屋を通した客は上客として優遇した。

妓楼には通りに面して、格子を張った張見世と呼ばれる座敷があった。張見世に遊女がずらっと居並んでいるのを、男は格子越しにながめて、相手を決める。ただし、見物するだけの男も多かった。図②でも、男が格子の内側の遊女をのぞきこんでいる。

図①『恋渡操八橋』（式亭小三馬著、天保12年）国会図書館蔵

図②『風薫葛の裏葉』（志満山人著、文政11年）国会図書館蔵

吉原は遊廓なのはもちろんだが、江戸の観光地のひとつでもあった。そのため、多くの老若男女が見物に訪れた。そうした吉原見物の最大の目玉が花魁（おいらん）道中である。

吉原では、上級遊女を花魁、下級遊女を新造、雑用係の女の子を禿（かむろ）と呼んだ。また、妓楼で働く男の奉公人は若い者といった。

花魁が新造、禿、若い者を引き連れ、大通りである仲の町を練り歩くのが花魁道中で、いわばパレードだった。次の見開きの図③で、花魁道中の華やかさがわかる。

吉原では三月一日、植木屋が開花直前の桜の木を運び込み、仲の町に植えた。月末には桜はすべて運び去る。

この図③は、桜が満開の仲の町を行く花魁道中である。

図③『仲の町、夜さくら雲井道中の図』（歌川豊国四世、安政６年）都立中央図書館蔵

山田屋
大宮屋

（六）江戸のタクシー〝駕籠〟は拷問？　～高級料亭でも刺身は食べるな

柳橋で屋根舟をおり、馬喰町までの道をたどりながら、島辺国広の足取りは重かった。一日のうちに何度も下痢をして、体力を消耗してしまったらしい。

「なんだか、ふらふらしますよ。早く横になりたいですね」

「きょうは湯屋に行くのはやめておこう。飯を食ったらすぐ寝るさ。山城屋の女将（おかみ）に頼んで、きみにはお粥（かゆ）を作ってもらおう」

そう言いながら、さすがに会沢竜真も疲れを覚えた。

話をしながら山城屋にたどりつくと、ふたりの顔を見た途端、女中が帳場に向かって叫んだ。

「お帰りですよ」

すぐに主人の嘉右衛門が飛び出してきた。

「神田お玉が池の相模屋から番頭の忠兵衛（ちゅうべえ）さんが来て、さきほどから部屋でお待ちになっていますよ。いったい、何事ですか」

「さあ、わしにもわかりませぬな」

とりあえず会沢と島辺は階段をのぼり、部屋に行った。

待ち受けていた忠兵衛は四十前くらいだが、すでに頭はほとんど禿（は）げていた。そばに、手代の伊兵衛もひかえている。

挨拶をしたあと、忠兵衛が言った。

「主人の藤左衛門がきょうのお礼を述べるとともに、今後のご相談もしたいと申しております。ついては、粗餐を用意いたしましたので、これからご同行願えませぬか。ご案内いたします」

「はて、困った。こちらで飯の用意ができていますからな」

「それは、あたくしどもで訳を話し、了解を得ます。主人はすでに料理屋でお待ちしておりますので、ぜひ」

そこまで言われると、会沢もかたくなに断わることもできない。それに、料理屋と聞いて食指が動いたのも事実である。というのも、事前に用意できた金額では、とうてい江戸の高級料理屋を体験するのは無理だったのだ。

ちらと島辺を見ると、やはり料理屋に並々ならぬ興味があるようだった。目で、「招待を受けろ」と訴えている。

「そうですか、では、ご厚意に甘えましょうかな」

「ありがとうございます」

忠兵衛は主人に厳命されていたのか、承諾を得て安堵のため息をついた。続いて、かたわらの伊兵衛に合図をした。

伊兵衛がすぐに立ち、階下に向かう。

ふたたび出かける用意をしながら、会沢がそっと尋ねた。

「腹具合はもう、いいのか」

「ええ、もう平気ですよ。むしろ、腹が減ってきたくらいです。これからは用心のため、食後には胃腸薬を飲むことにします」

島辺はけろりとしていた。

山城屋を出ると、通りに四丁の四手(よつで)駕籠(かご)が待っていた。伊兵衛が手配したようだ。

忠兵衛が先頭の駕籠の人足(にんそく)に確認した。

「行先はわかっているね」

「へい、池之端仲町(いけのはたなかちょう)の水蓮亭(すいれんてい)でごぜえすね」

地名を聞いて、会沢は不忍池(しのばずのいけ)のほとりであろうと推理した。

さきほどの山谷堀から吉原大門までの往復は歩きだっただけに、駕籠は初体験となる。会沢は江戸でぜひ駕籠も体験してみたいと思っていたので、ややおくれて実現したことになる。だが、医師を標榜しているだけに屋根舟とは違い、「駕籠は初めて」とは言いにくい。

かなりまごつきながらも、会沢はかろうじて駕籠に乗り込んだ。座布団が敷かれていて、そこにあぐらをかいて座る。脱いだ履物はすぐに人足が拾いあげた。

島辺は体が大きいだけに、駕籠はかなり窮屈そうだった。会沢はシーボルトがその著『江戸参府紀行』で駕籠について、背の高い西洋人にとっては「拷問(ごうもん)台のようなもの」と書いていたのを思い出し、ちょっと気の毒になった。

駕籠が持ちあがった。

前の人足と後ろの人足が「へい」、「ほう」と掛け声をかけて呼吸を合わせながら、駕籠が進み始めた。

駕籠と駕籠屋

駕籠には乗る人の身分や、場所によっていくつかの種類があった。大きく分けると、身分の高い人物が乗る高級なものを乗物、簡素なものを駕籠と呼んだ。

浮世絵などに数多く描かれているのが、図①の宿駕籠で、街道で旅人が利用した。

図②の手前に描かれているのが四手駕籠で、江戸市中で庶民が用いる、もっとも一般的な駕籠である。駕籠賃は『守貞謾稿』（幕末期）によると、日本橋から吉原の大門までおよそ金二朱、銭で八百文だった。

同じ四手駕籠でも、街角などで客待ちをしているのを、とくに辻駕籠と呼んだ。料金は交渉次第だが、最初に安く取り決めても、あとで人足から酒手と称して別途料金をせびられることも多かった。

『幕末百話』（篠田鉱造著、昭和四年）に、勤番武士だった人の回想がある。それによると、上野山下で辻駕籠に乗ると、値切って吉原まで二百文くらい、千住宿まで二百五十文くらいだった。ある時、酒手をせびられたが、知らん顔をしていると、人足たちは途中で駕籠を止めて動こうとしない。最後は刀を抜く騒ぎになったという。辻駕籠の人足のなかには、相手が武士でも遠慮会釈のない者が少なくなかった。

図②の後方に描かれているのは、身分の高い人物が用いるお忍駕籠である。

江戸の市中には、駕籠を所有し、人足を雇って商売をする駕籠屋が多数あった。現代のタクシー会社に似ている。図③に描かれているのが駕籠屋である。

図①『道中画譜』（葛飾北斎）国会図書館蔵

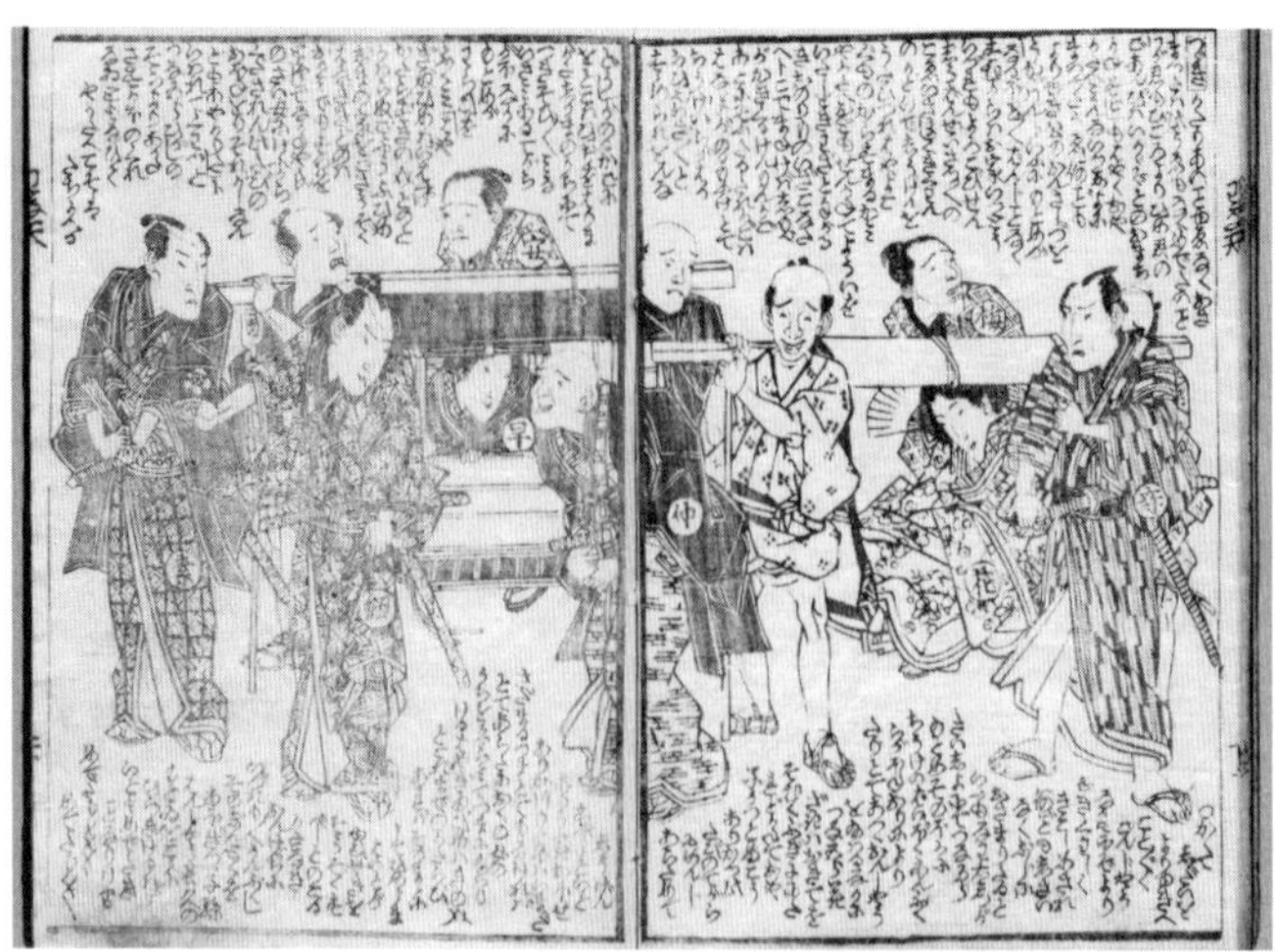

図②『也字結恋之弥天』（墨川亭雪麿著、天保７年）国会図書館蔵

図③『室町源氏胡蝶のまき』（柳亭種彦著、明治８年）国会図書館蔵

到着したときには、すでに日が暮れていた。駕籠からおり立っても水蓮亭の全容は見えなかったが、二階建てのかなり大きな建物なのはわかった。

門から入口までは踏み石が敷かれている。歩きながら、会沢が耳元でささやいた。

「乗り心地はどうだったかね」

「体中が痛くなりました。もう、懲り懲りです。帰りは歩きにしましょう」

島辺はしきりに背中や腰を伸ばしている。やはり「拷問台」だったようだ。

階段をのぼって案内された座敷にはあちこちに燭台が置かれ、蠟燭がともされていた。行灯の油にくらべ蠟燭の方が格段に高価である。このことだけを見ても、高級料理屋とわかる。

座敷に通された会沢は、相模屋藤左衛門の顔を見て驚いた。その表情に生気があふれていたのだ。

「先生、若先生、お忙しいなか、お越しいただき、まことにありがとう存じます」

その声にも張りがある。しかも、会沢を先生と呼ぶのは当然として、島辺はいつの間にか若先生に昇格していた。本人は初め、きょとんとしていたが、自分が若先生と呼ばれているのがわかると、いかにも面映ゆそうだった。

会沢と島辺は上座に案内され、やむなく座った。ふたりの着座を見て、藤左衛門があらためて深々と頭をさげた。

「娘の目は先生の妙薬のおかげで、たちどころに治りました。昼すぎには充血がなくなり、白目が白くなったのでございます。また、あたくしの痔の痛みも、若先生の処方のおかげで、嘘のように消えました。奇跡と申しましょうか、唐土の扁鵲も足元にも及ばぬと申しましょうか。いや、両先生は蘭方なので、扁鵲をたとえにしてはかえって失礼ですな」

藤左衛門の感謝と賛辞が続いた。忠兵衛と伊兵衛も同感なのか、しきりにうなずいている。

これで、陰鬱だった藤左衛門の表情が明るくなった理由がわかった。痔は座薬のおかげで完治はしないまでも、状態が目に見えて改善されたのである。また、お梅の結膜炎は抗菌目薬のおかげでたちまち完治したのである。

現代の薬がおよそ二百年前の日本人にかくも劇的な効果をおよぼすことに、さすがに会沢も驚き、感嘆した。そばで、島辺も同じ思いのようだった。

「せっかくお越しいただきながら、長話をしてしまいました」

藤左衛門の合図を受け、忠兵衛が女中に命じた。

酒と料理が次々と運び込まれる。

まずは献杯。続いて、料理となる。

とにかく、品数が多い。しかも、どれも手の込んだ料理だった。

海老を玉子の黄身であえたものには、上から蓼のみじん切りがかかっている。筍と烏賊の煮物もあった。塩漬けにした松茸は甘煮にしてある。すまし汁には、白身魚とじゅんさいがはいっていた。大皿には大きな切り身の魚の付け焼き。鉢には蕗と生姜、青菜のおひたし。鰹の刺身は熊笹の葉の上にのり、わさび醤油が添えられている。赤味噌の蜆汁も出た。かろうじてわかったのは、それくらいだった。ほかにも、次々と旬を強調した料理が運び込まれてくる。

料理屋

図①『春の文かしくの草紙』（山東京山著、嘉永６年）国会図書館蔵

江戸の料理屋でとくに有名なのが山谷の八百善であろう。数多くのエピソードは伝説となり、それがまた八百善を有名にした。

江戸の老舗・名店ガイドである『江戸買物独案内』にも数多くの料理屋が紹介されているが、次ページの図③は不忍池のほとりにあった二軒である。

なお、会席はコース料理、即席は個別に注文する料理である。

結婚の披露宴などに、料理屋から仕出料理を取り寄せることもあった。

図①は、仕出料理屋の厨房の光景である。中央で男が手をのばしているのは、八間と呼ばれる釣行灯。天井から吊るして用いた。

図②は、料理屋の二階座敷が描かれている。高級な料理屋でもテーブルはなく、盆に載せた料理や酒をじかに畳の上に置いた。

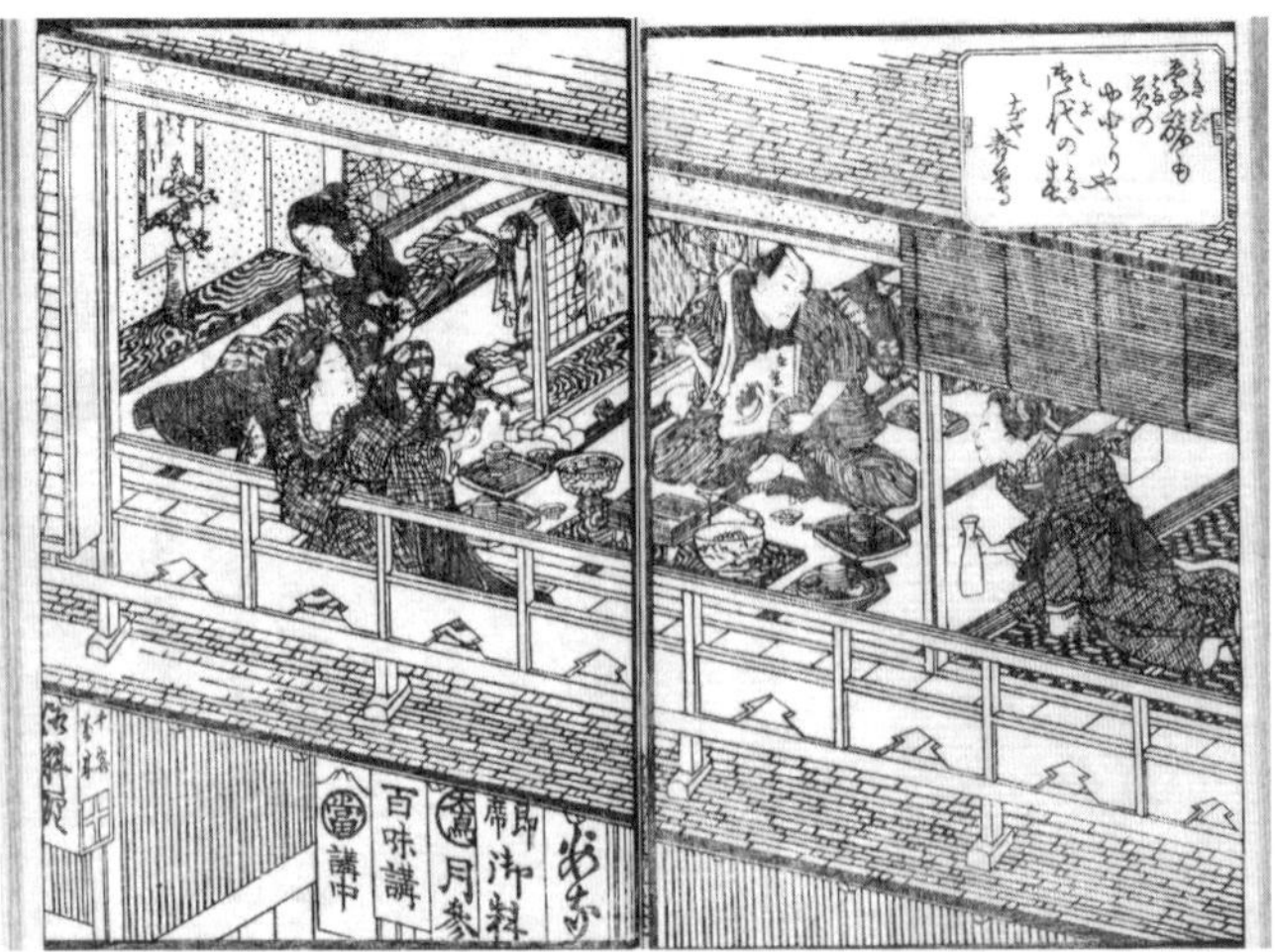

図②『**春色雪の梅**』（為永春雅著、天保年間）国会図書館蔵

図③『**江戸買物独案内**』（文政７年）国会図書館蔵

本当なら、会沢はそれぞれ素材や調理法を質問したかったが、やはり遠慮した。いっぽう、島辺にそっと注意した。

「刺身には手を出さないほうがいい」

「えっ、僕は刺身が好きなんですけど。しかも、江戸っ子の初鰹（はつがつお）ですよ」

「懲りない男だな。また下痢はしたくないだろ」

たちまち島辺はシュンとなった。

会沢が窓の外をながめると、眼下には黒々とした闇がひろがり、遠くにポツンポツンと灯が見える。その距離感から、池の面積は現在の不忍池よりもはるかに広いであろうと思った。

「ここは、どのあたりですかな。駕籠だったので、さっぱり見当がつきません」

「外は不忍池でございます。あいにく夜なので、眺望は楽しめませんが」

藤左衛門は残念そうである。

島辺が言った。

「それにしても満天の星ですね。これほどの星を見るのは久しぶりです」

会沢は酒を口に含みながら、島辺がいまの不忍池からはこんなに星は見えないとか、長野県で見る星空を思い出すとか、うっかり口走るのではないかと内心ひやひやした。

そこで、強引に話題を星から月に変えた。

「上弦の月がかかっておりますな。この時季、池の水面には蓮（はす）の葉が茂り、緑があざやかなはず。白居易（はくきょい）の詩に、『葉展（の）びては影翻（ひるがえ）る砌（みぎり）に当（あた）れる月』とありましたな。蓮の葉がひろがり、月が階下の敷石を照らす。葉が風で動くにつれ、敷石に映る月影も翻る。

『和漢朗詠集』で読み、何となく覚えておったのですが、まさに、いまの光景ではありませぬか」

「ほほう、先生は詩にも造詣が深かったのですか」

感に堪えぬように言い、藤左衛門はますます会沢に対する尊敬の念を深くしたようだった。

忠兵衛と伊兵衛も同様で、畏敬のまなざしで見つめている。

隣りに座り、島辺も会沢の記憶力に感心していた。というのも、古文書解読講座の授業を通じ、さらには今回のタイムトラベルを通じ、その博覧強記にはしばしば圧倒される思いをしていたからだ。

一段落したところで、藤左衛門が口調をあらため、「じつは、先生と若先生にお願いしたい儀がございまして」と、語り出す。

その提案は驚くべきものだった――

――さいわい相模屋は繁盛しているが、これはひとえに世間の人々の愛顧を得ているおかげである。常々、人々の役に立つようなこと、世の中のためになるようなことをして、世間さまに恩返しをしたいと念願していた。今回、ふとしたきっかけで傑出した蘭方医と縁ができ、はっと気付いた。これこそ、世間に恩返しするときではなかろうか。

会沢と島辺の江戸滞在は日数が限られており、用事があるのは重々承知している。しかし、ふたりの卓越した医術を相模屋だけが甘受していては世間に対して申し訳ない。どうにかして、世の人々にも恩恵のおすそ分けをしたい。

とはいえ、旅籠屋に病人が押し寄せてくれば、山城屋は迷惑するであろう。相模屋に逗留していただくことも考えたが、やはり呉服屋に病人が詰めかけては商売にさしつかえる。そこで、住まいを用意することを考えた。

相模屋が所有する裏長屋があり、たまたま空き家がある。そこに滞在して、病に苦しむ人々を救ってあげてほしい。もちろん、家賃はいらない。当面の生活必需品はすべて相模屋で用意する。男ふたりでは生活もままならないであろうから、相模屋から働き者の下女を派遣する。

いわば臨時の診療所をひらくことになるが、あくまで臨時なので、朝から晩まで診察する必要はない。ふたりの都合に合わせて、あいた時間に、治療をしてやってはいただけないか。

そもそものいきさつもあり、手代の伊兵衛をふたりの世話役とするので、困ったことがあれば何でも命じてほしい。また、金銭的なことであれば、番頭の忠兵衛に申し付けてくれ。ふたりの出費は、すべて相模屋が引き受ける――というものだった。

藤左衛門の話を聞き終え、会沢はしばし呆然となった。続いて、感激がこみあげてくる。多大な出費をさせることを恐縮すると、藤左衛門は笑って手を横に振った。

「いえ、お気になさることはありません。これは、あたくしの道楽のようなものですから。あたくしは野暮でございまして、女郎買いをしたことは一度もございません。世間には、吉原にかよいつめて家産を傾けた商家の主人はたくさんいます。また、道楽息子が吉原で多額の借金を作り、勘当された例もけっこうございます。それを考えたら、同じ道楽でも安いものです」

話を聞きながら、会沢は吉原の最上級の花魁である呼出し昼三の揚代が一両一分だったのを思い出した。たしかに「一発が一両一分」を考えると、安いものであろう。

また、旅籠屋で寝泊まりするだけでなく、できることなら裏長屋の生活も実際に見てみたいと思っていた。数日のあいだとはいえ、長屋暮らしが体験できる。まさに願ったり叶ったりではなかろうか。

横目で見ると、島辺も同感のようだった。

「では、その長屋に引き移りましょう。いつから住めますかな」

「あしたから」

藤左衛門は即座に言った。

さすがに会沢も唖然とした。

「今夜は山城屋にお泊まりいただき、あすの朝、おふたりが朝食をすまされたころ、お迎えに参じます」

きっぱりと言い、そのあと、忠兵衛と伊兵衛に視線を向けた。

「いいね。頼みましたよ」

「へい、かしこまりました」

ふたりが緊張の面持ちで言った。

おそらく準備のため、ふたりはもちろん、数名の奉公人が駆り出されるであろう。

第二章　裏長屋の生活

(一) 長屋はロフト付き1K、バス・トイレなし ～ 井戸端会議は異臭の中で

夜明け前から雨が降り続き、部屋のなかは薄暗かった。

風向きによっては雨で障子が破れてしまうため、雨戸を閉じなければならない。そうなると、部屋のなかは真っ暗になってしまう。さいわい、雨戸を閉じるほどの雨脚ではなかった。

老眼鏡をかけた会沢竜真は、窓のそばで熱心に地図をながめている。

すでに朝食はすませ、膳は女中が運び去っていた。

寝転がったまま、島辺国広がしみじみと言った。

「裏長屋に入居できるなど、半信半疑というか、僕はまだ信じられない気がするんですがね」

「私も同じ気分だよ。あまりにとんとん拍子に決まったからな」

「裏長屋の場所は鍋町とか言っていましたよね」

「いま、ちょうど地図でたしかめているところだ。現在の千代田区神田鍛冶町のあたりだろうな。相模屋のある神田お玉が池からも近い。おおよそ五百メートルかな」

「僕はふと思ったのですが、江戸の町は自転車があると便利ですよね。駕籠に揺られるよりは、

自転車の方がはるかに快適ですよ。昨晩も、水蓮亭から山城屋まで駕籠に揺られていると気分が悪くなってきて、吐きそうになりましたよ」

「しかし、江戸は坂が多いからな」

「それこそ電動アシスト自転車ですよ。電動アシストで江戸の急な坂もす〜い、すい」

そこに、手代の伊兵衛と下男の久助が急に現われたので、会沢はどきりとした。屋根を打つ雨音で、廊下を歩いて来るふたりの足音に気付かなかったのだ。

会沢はあわてて地図を隠した。挨拶のあと、伊兵衛が怪訝そうに言った。

「先生方はオランダ語をお使いですか」

「何故、そう思うのですかな」

「時々、さっぱりわからない言葉をお使いですから」

「そうでしたか。それは失礼した。ふたりきりだと、つい、オランダ語を使うことがありましてね」

会沢は相手の誤解に苦笑した。島辺が調子に乗ってしゃべり出す。

「九州の博多にどんたくという祭りがありますが、どんたくはもともとオランダ語で休みの日という意味でしてね」

「ほほう、さようでしたか」

伊兵衛が感心して言う。これ以上しゃべらせるとぼろを出しかねないので、会沢がさえぎった。

「わしらの用意はできております。では、出立しますかな」

「荷物は久助が運びますので。おふたりには駕籠を用意してございます」

久助が防水のため、荷物を筵でくるんだ。

会沢が一階の帳場に寄り、これまでの支払いをしようとすると、相模屋がすでにすませたという。しかも、迷惑をかけた詫びとして、別途に祝儀まで渡したようだった。

外に出ようとして、伊兵衛が叫んだ。

「あっ、雨なのに、うっかりしておりました。おふたりは草履でしたね。申し訳ございません。とりあえず、駕籠にお乗りください。途中でおふたりの下駄と傘を買い求めます」

雨のなかの外出とあって、伊兵衛は下駄を履き、傘を差していた。久助は蓑に笠、草鞋といういでたちで、荷物を背負う。

山城屋の主人の嘉右衛門に見送られ、会沢と島辺が乗った駕籠が出発した。

酒屋と紙問屋のあいだに、奥にはいっていく路地がある。駕籠は路地の入口に止まった。

会沢と島辺がおりるに先立ち、伊兵衛が途中で買い求めた下駄を人足がさっとそろえて置いた。

入口に木戸があり、路地が奥に続いている。路地の左側は平屋の割長屋で、右側が二階長屋だった。

雨にもかかわらず、狭い路地に多くの人が出ている。理由はすぐにわかった。二階長屋の一軒に会沢と島辺が入居するため、番頭の忠兵衛が指揮をして、家財道具を運び込ませていたのだ。

そばには、真岡木綿の着物を着た長屋の大家もいて、八兵衛と名乗った。大家は、いわば長屋の管理人である。長屋の持ち主である相模屋から番頭がやってきたため、八兵衛も手伝わざるを得なかったようだ。

「あいにくの雨で、手間取ってしまいましたが、ほぼ終わりました。どうぞ、おはいりください」

忠兵衛が会沢と島辺をうながしながら、説明を続ける。

「本来であれば、すべてあらたに買いそろえたかったのですが、それではとても間に合いませんので、相模屋で使っていたものを持ち込みました」

二階長屋は五軒続きで、それぞれ間口が一間半（約二・七メートル）、奥行きが二間（約三・六メートル）である。会沢と島辺が入居するのは木戸から三軒目だった。

入口の腰高障子をあけてなかにはいると、小さな土間になっていた。土間の左手が台所で、へっついがしつらえてある。土間からあがるとすぐに畳敷きの部屋になっていた。右手に急勾配の階段があり、二階に通じている。二階も畳敷きだが天井が低く、窓から外に出る物干し台が取り付けられていた。

「ロフト付きの１Ｋ、ただし、バス・トイレなし。電気・水道・ガスのライフラインは不通」

一階と二階を見てまわったあと、島辺が評した。

伊兵衛が尋ねた。

「若先生、それはオランダ語ですか」

「はい、非常によろしいという意味です」

島辺が真面目な顔をして答える。

そばで聞きながら会沢はハラハラしたが、オランダ語と称して煙に巻くのも悪くないと思った。

　忠兵衛が、台所にかがみこんで懸命に雑巾がけをしている少女を手で示した。縞木綿の着物に襷をかけて袖をまくりあげ、前掛けをしている。

「下女の留でございます。相模屋で一番の働き者で、素直な子でしてね。きょうから、ここに住み込ませます」

「住み込みといっても、どこに寝かせますかな」

　会沢は困惑した。

　こともなげに忠兵衛が言った。

「先生方は二階でゆっくりお休みください。留は台所の片隅にでも布団を敷いて、寝させればよろしいでしょう」

　見ると、島辺の目に怒りがある。「奉公人は犬や猫ではないぞ」くらいは言いかねなかった。

　しかし、江戸時代の奉公人が置かれた状況は似たようなものだった。相模屋では下女は相部屋で、数人が雑魚寝をしているはずである。ここでは、少なくともひとりで、隣りに気兼ねせずに寝ることができる。内心、お留は喜んでいるかもしれない。会沢はあとで、島辺に説明しなければならないと思った。

　忠兵衛が立ったまま、きびしい口調で言った。

「お留、てめえ、何歳だったかな」

「へい、十四でごぜえます」

「十四歳にもなったんだから、きちんと先生方に、ご挨拶をしなさい」

長屋の入口と台所

江戸の裏長屋は、九尺二間（くしゃくにけん）の棟割（むねわり）長屋が有名である。間口九尺（約二・七メートル）、奥行き二間（約三・六メートル）なので、部屋は四畳半ひと間しかなく、そこに小さな台所も付いている。

郷土博物館などでは、「九尺二間の棟割長屋」が再現されていることが多い。

だが、この「九尺二間の棟割長屋」はあくまで最低水準である。あまりに狭いため、とても夫婦では住めないし、子供を育てるのも無理である。たいていは独身の男が住んでいた。

実際には長屋は、広さ二間×三間（約三・六×五・五メートル）や、三間×四間（約五・五×七・三メートル）など、多くのタイプがあり、二階長屋もあった。二階長屋の場合、住人は一階と二階を占有する。

裏長屋に共通するのは、入口をはいると小さな土間があり、すぐ横は台所という構造である。

図も裏長屋の光景だが、九尺二間よりは高級で、広さはおそらく二間×二間半（約三・六×四・六メートル）くらいであろう。やはり入口の横に台所がある。

注目すべきは台所の狭さと、へっつい（竈）がひとつしかないことである。これではとても手の込んだ料理などできない。へっついに釜を置いて飯を炊いているあいだは、ほかの煮炊きは何もできなかった。

また、台所用品は少ないし、食料品を保存する容器を置く余裕もない。

裏長屋に住

『花筐』（松亭金水著、天保12年）国会図書館蔵

む庶民の食生活は、台所事情からしても簡素にならざるを得なかった。

　こうした不便を補ったのが、天秤棒で荷を担（にな）った各種行商人で、裏長屋の路地まではいってきた（170、171ページ参照）。

「へい」

襷をかけたままのかっこうで、お留はその場にきちんと正座した。丸顔で、目が大きかった。頰（ほお）を真っ赤に染め、

「先生、若先生、留でごぜえます。一生懸命働きますから、至らねえところは勘弁してくだせえまし」

と言い、ぺこりと頭をさげた。

会沢は十四歳の女の子のけなげさに、涙が出そうになった。咳（せき）をして、あわてて誤魔化（ごまか）す。

いっぽうの島辺は、わずか十四歳を下女として使う相模屋に義憤を覚えているようだった。

おそらく、お留は江戸近郊の貧農の娘であろう。そんな女の子にしてみれば、農村にとどまるより、江戸の大店（おおだな）で下女奉公をするほうが衣食住ははるかにめぐまれていた。このあたりも、会沢はあとで島辺に説明しなければならないと思った。

「何か、必要な物はございませんか。あたくしが買ってまいりますが」

伊兵衛が気をきかせた。

島辺と相談したあと、会沢が申し訳なさそうに言った。

「筆と墨と硯（すずり）、それに紙を用意していただけませぬか。机もあったほうがいいですな。それと、これは言いにくいのだが、ふたりとも、ふんどしの代えがありませんでな。これも用意してもらえませぬか」

「机と筆記具までは気がまわりませんでした。相模屋から持ってまいります。ふんどしは新品に

いたします。では、さっそく」

伊兵衛は久助をともない、雨のなかを出かけていく。

相模屋から下男と下女のふたりで、大量の握り飯と酒を届けてきた。

荷物運びの人足たちに酒をふるまい、握り飯と沢庵（たくあん）で昼飯を食べさせる。会沢と島辺も一緒になり、握り飯を食べた。

昼食がすむと、雨があがったこともあって、番頭の忠兵衛はじめ、みな帰っていく。

それまでの喧騒が消え、急に静かになった。三人だけになってしまい、じっとしているのは落ち着かない気分なのか、お留が手桶（ておけ）を手にした。

「水を汲（く）んできます」

そう言うと、下駄をつっかけ、外に出て行く。その後ろ姿を見送ったあと、島辺が言った。

「先生、あの娘（こ）は水を汲むと言っていましたよね。長屋の共同井戸からですかね」

「そうだろうな。きみの下痢の原因となった水を、あの娘が汲んでくるわけだ」

「冗談じゃないですよ。この際、江戸の井戸の実態を、この目で見てきます」

島辺は憤然として立ちあがるや、下駄をつっかけ、お留のあとを追った。

誰もいなくなったのをさいわい、会沢はボールペンとノートを取り出し、時間が経過するとすぐに記憶があいまいになってしまう数字を主として、これまでの体験を克明に記していく。

しばらくして、お留と島辺の声がした。

「若先生にそんなことをさせては、あたしが番頭さんに叱られます」

「番頭？　ああ、あの禿げ頭の忠兵衛か。あの男など気にすることはないぞ」

そう言いながら、島辺が水のはいった手桶を手にして戻ってきた。そばで、手ぶらのお留は泣きそうな顔になっていた。

島辺が照れ笑いをしながら言った。

「先生、水汲みと水運びはけっこう重労働ですよ。そんなわけで、ちょいと手伝ったのですがね」

次に、手桶の水を水瓶に移す。これが、今後の飲料水だった。

水瓶に水を確保したあとは、お留はへっついに火を熾して飯を炊くという。普通、江戸では早朝に一日分の飯を炊く。朝食は炊き立ての飯を食べるが、昼食と夕食は残った冷飯を湯漬けなどにして食べる。ところが、きょうは特例だった。

お留が大家の家に消し炭をもらいに行った。

ノートに筆記を続けている会沢に、島辺が言った。

「井戸に行って驚きました。そばに、便所とゴミ捨て場があるのですよ。糞尿とゴミのまじりあった悪臭に、僕は吐きそうになりました。そんな場所で飲み水を汲むのですからね。もうこれからは、絶対に沸騰させたお湯しか飲みません」

「井戸、便所、ゴミ捨て場が三点セットになっているのは、裏長屋では常識だよ。においは慣れるからな。長屋の住人は誰も臭いとは思っていないだろう」

「江戸ではリサイクルが徹底していたのでゴミはほとんどなかったと、よく本に書いてありますけどね」

「それは一種の幻想さ。現代の『食の安全・安心』を金科玉条のように唱えている連中は、江戸の裏長屋の三点セットを見たらなんて言うだろうな」

お留が消し炭をもらって戻ってきた。へっついの残り火を火消壺に入れて消火したもので、火が付きやすいので火種になる。

火打石で火花を散らして、硫黄を塗った付け木に着火する。さらに付け木から火種に火を移して火力を強くし、薪を燃やす。

「ふむふむ、面白い。しかし、毎回これをやるとなると、面倒だな」

島辺はお留のそばにいて、ひとつひとつの仕草を興味津々の様子でながめている。まさに江戸の生活実習だった。

そこに文机をかついだ久助と、手に風呂敷包を持った伊兵衛が戻ってきた。

「相模屋の蔵で、よい文机を見つけてきました」

それを潮に、会沢はひとりで出かけることにした。本屋をまわり、もし両替屋があれば、たった一枚だけ持参した小判を両替したかった。東京から持ってきたコインはこの小判をのぞき、すでにほとんどなくなっていたのだ。

伊兵衛に本屋がある通りまでの道を尋ねたあと、まだ地面がぬかるんでいるので下駄を履いて出かける。やはり本屋だけは、会沢は誰にも邪魔されたくなかった。ひとりで本を手に取り、じっくり吟味し、購入したかったのだ。

長屋の便所、井戸、ゴミ捨て場

江戸の裏長屋は部屋数や部屋の広さは多様で、二階長屋もあった。しかし、便所も井戸も共用なのは共通していた。

裏長屋の路地の奥にはちょっとした広場があり、そこに水汲み場である井戸、総後架（そうこうか）と呼ばれる共同便所、そしてゴミ捨て場があった。図①でもわかるように、井戸、総後架、ゴミ捨て場が一カ所に集められていたのである。公衆衛生の観点からは慄然（りつぜん）たる状況といってよい。

また現在、江戸は廃棄物を回収して再利用するリサイクルが行き届き、ゴミはほとんど出なかったという説があるが、江戸幻想ともいうべき思い込みに過ぎない。

現代は人件費は高く、物の値段は安いが、江戸時代は正反対で、人件費は安く、物の値段は高かった。そのため、たとえば破れた、あるいは骨の折れた傘を回収して修理し、販売するのはビジネスとして充分に成り立った。

この傘の例のように、回収しても商売になる品目が現代にくらべると多かったというに過ぎない。

図①『歌三味線東引船』（志満山人著、文政７年）国会図書館蔵

図②『庭教塵塚物語』（山東京山著、嘉永３年）国会図書館蔵

実際には、図②のように人々は日々、大量のゴミを捨てていた。

これら膨大なゴミは、町内が委託した芥取請負人が回収し、舟に積み込んで運び、江戸湾の湿地の埋め立てに用いられた。

現在の東京都江東区のかなりの部分は、江戸時代にゴミを埋め立てて造成された。

ゴミで海を埋め立てて土地を造成する江戸の手法は、現在の東京にも引き継がれている。

いっぽう、敷地の広い武家屋敷では、敷地内の一角に穴を掘り、そこにゴミを捨てることが多かった。近年、東京の各地の再開発にともない、大名屋敷跡地の発掘が相次いでいるが、ゴミ捨て場からは多種多様な日用品が出土している。なかには、ちょっと修理すれば使えそうな物まで惜しげもなく捨てられていた。

女中と下女

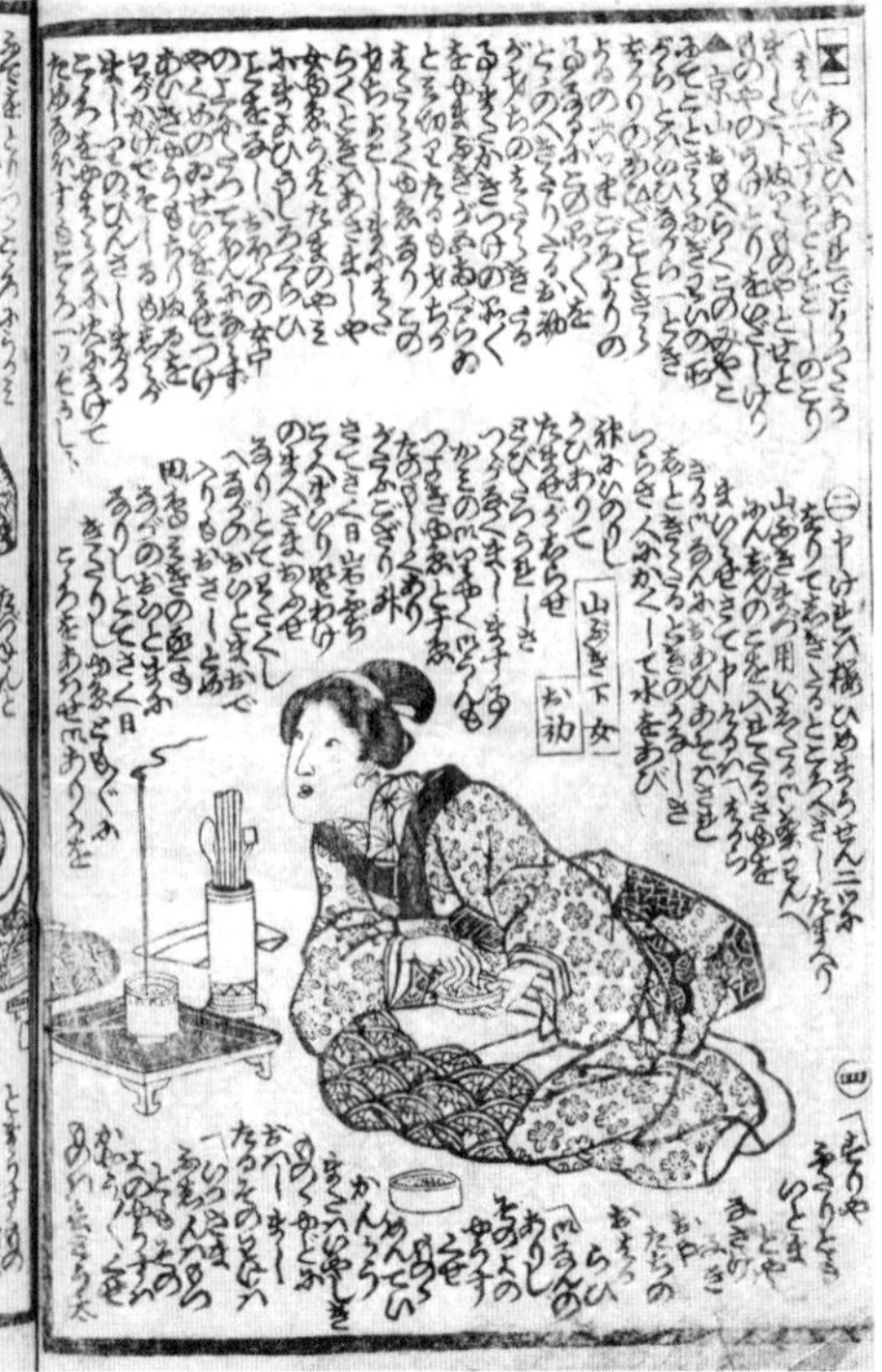

図①『桜姫俤双紙』（山東京山著）国会図書館蔵

女中と下女(げじょ)の違いは、やや不分明な部分もあるが、大きく分けると次の通りである。

主人一家の身のまわりの世話をするのが女中で、その仕事内容はほぼ屋内に限られた。

料理屋や旅籠(はたご)屋で接客をするのも女中である。下女は接客はしない。

なかでも、江戸城の大奥や大名屋敷の奥で勤める女中を、奥女中や御殿女中、腰元(こしもと)といった。

大奥の奥女中ともなると、深い教養をそなえているのはもちろん、幕政を左右するほどの権勢をふるう者もいた。

庶民でも大店には数多くの女中がいて、その職務も分かれていた。

いっぽう、炊事・洗濯・掃除などの家事労働全般をするのが下女である。武家屋敷と商家とを問わず、女の奉公人のなかの最下位が下女といってよい。

女中が下女に雑用を命じることもあった。図①は大名屋敷の光景で、左は姫。髪を結っているのが老女（上位の奥女中の称号）。右は、老女の雑用を引き受ける下女である。

図②は、商家の下女が井戸で水を汲み、戻るところである。

下女は農村出身の、頑健な女が多かった。図の下女も、足元ははだしである。乳房が見えているが、そんなことにはかまっていられないということだろうか。

同じ下女でも、奉公先によってその仕事や衣装はかなり差があった。

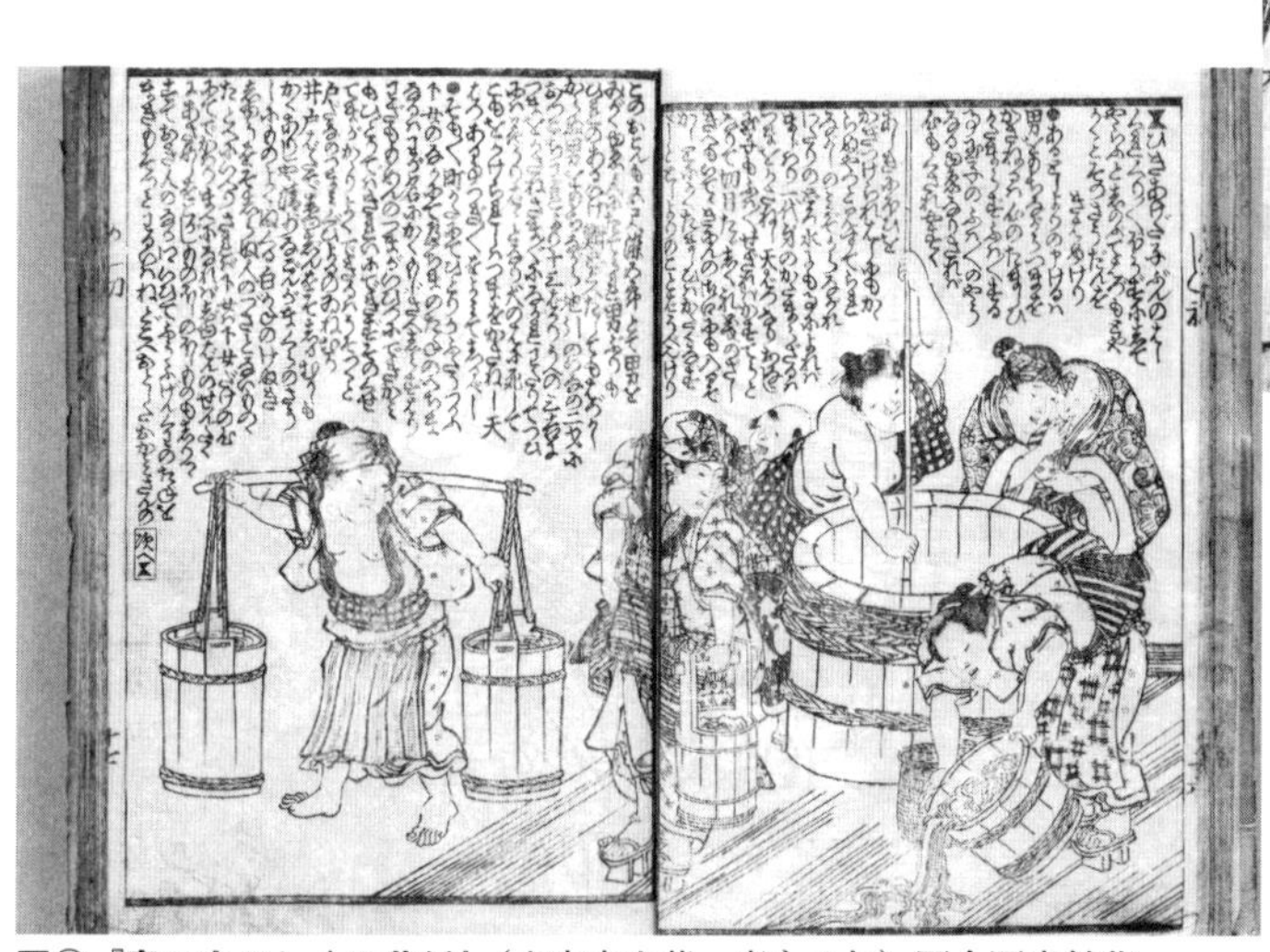

図②『春の文かしくの草紙』（山東京山著、嘉永６年）国会図書館蔵

(二) 書籍は超高級品 〜魚が食事に出るのは月に三日だけ

会沢竜真が長屋の木戸を通り抜け、路地に足を踏み入れると、魚を焼くにおいがただよっていた。黒い煙が出てくるところを見ると、まさしく「我が家」である。

入口の腰高障子はあけ放たれ、路地からでも台所に島辺国広とお留がいるのが見えた。

「おい、いったい、何事だ」

「さきほど、魚の行商人が通りかかったので、鰯(いわし)を買ったのです。金網がなかったので、お留ちゃんが大家のところから借りてきましてね」

「そうか、夕飯の仕度か」

会沢はつぶやきながら、自分の迂闊(うかつ)さに思わず笑ってしまった。

東京では、独り暮らしをするようになってからは、朝食はパンとコーヒーだけで、そのほかの食事はすべて外食か、弁当を買ってすませていた。料理はおろか、自分で飯を炊いたことすらなかった。また、江戸でも初日の夕食は旅籠屋(はたごや)でとり、二日目は水蓮亭で馳走(ちそう)になった。裏長屋で生活していくなら、買い物と炊事をしないかぎり食事にはありつけないことをすっかり忘れていたのだ。

「ところで、本屋はどうでしたか」

「ほしい物はたくさんあったが、半分どころか、一割も買えなかった。高くてな。この時代、人件費にくらべて物価は高いが、そのなかでも書籍は際立って高価だからな。もっぱら人々が貸本屋を利用していたのが理解できるよ」

会沢が江戸の出版事情や書籍の値段について話しているところに、手代の伊兵衛がひょっこり顔を出した。

「いったん相模屋に戻っていたのですが、ぜひにという方がいらっしゃいまして、お連れした次第です」

伊兵衛の後ろから、恰幅（かっぷく）のよい男が姿を見せ、丁重な礼をした。

相模屋の主人藤左衛門の友人で、縫箔屋（ぬいはくや）の主人の亥三郎（いさぶろう）だという。たまたま藤左衛門から痔（じ）が奇跡のように治ったことを聞き、自分も同様に痔に苦しんでいることから、お願いできないかということだった。縫箔は着物に刺繍をする仕事で、座業である。

「相模屋藤左衛門どののご紹介とあれば、まだ用意ができておらぬのですが、やむを得ませぬな。少々、お待ちを」

会沢はもったいぶって言い、島辺に命じて部屋の奥に文机を運び、衝立（ついたて）で仕切りをさせた。一階の部屋を衝立を境にして、入口側が待合室兼居間、奥が診察室という区分けにしたのである。それにしても、鰯を焼く匂いが充満するなかでの診察となる。

衝立で仕切られた診察室に、会沢は亥三郎を招き入れた。診察といっても、実際に肛門を診察するわけではない。たとえ実際に診察したとしても、医者ではない会沢にわかるわけはなかった。診察はとにかく、相手から痔の状況を聞き出すことである。

「ふむふむ、なるほど、ふむふむ」

江戸の本屋

図①『東海道名所図会』（寛政９年）国会図書館蔵

江戸の本屋は大きく分けて、書物問屋(しょもつどいや)と地本問屋(じほんどいや)があった。

書物問屋はいわば学術系の本屋で、仏教書や漢籍、医学書、地図、武鑑などを取り扱った。

地本問屋はいわば娯楽系の本屋で、草双紙(くさぞうし)や浮世絵・錦絵などを取り扱った。

ただし、一般の人々が意識して使い分けていたわけではない。図①は芝神明前の絵草紙屋(えぞうしや)で、右が泉屋、左が舛屋。ともに店先には浮世絵が並べられている。厳密には地本問屋だが、人々は「絵草紙屋」と呼んでいた。

庶民や下級武士にとって浮世絵や戯作(げさく)（小説）を売っている、もっとも馴染みのある本屋が絵草紙屋といってよい。

また、江戸の大きな本屋は印刷・製本や出版業も兼ねていた。図②は、右の男が印刷しているところである。木版印刷なので、部数が増えると版木が摩耗していく。主人らしき男が印刷の様子を見て、こう言っている。

「もう、この板はつぶれたの」

図②『告子の艶男』（南杣笑楚満ひと著、享和２年）国会図書館蔵

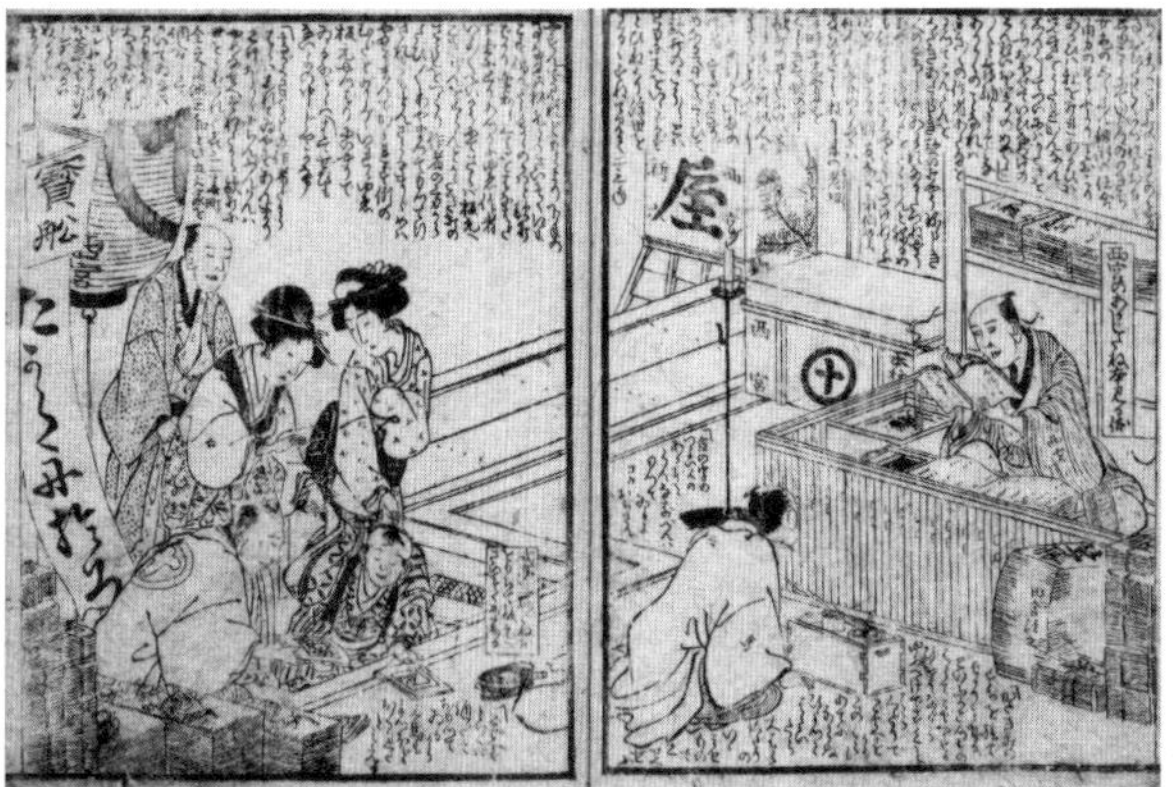
図③『親讐胯膏薬』（式亭三馬著、文化２年）国会図書館蔵

いっぽう、図③を見ると店先は本屋だが、店内は出版社なのがわかる。帳場に座った主人が、訪ねてきた戯作者に原稿について意見を述べている。

各種行商人

江戸の町には食べ物関係の行商人が多かった。

庶民の家の台所は狭く、また冷蔵庫もなかったため、食材は必要なときに、必要なだけの量を買ったからである。

とくに、裏長屋の住人は必要に応じて少量を買う傾向が顕著だった。そのため、行商人たちは裏長屋の路地まではいってきた（156、157ページ参照）。

図①『一刻価万両回春』（山東京伝著、寛政10年）国会図書館蔵

図①は魚屋で、「かつお、かつお、かつお」と声をあげている。

前の盤台に包丁が見えるが、これは鰹を切り分けるため。庶民はその場で切り身を買った。

図②は、豆腐屋である。『豆腐百珍』（天明二年）で知られるように、豆腐の料理法は多様だったが、庶民のあいだに人気があったのは湯豆腐と田楽だった。

図③は、剝き身売りで、剝き身は蛤、浅蜊、馬鹿貝などの貝殻を取り去ったものをいう。早朝の行商だった。

戯作『浮世風呂』（式亭三馬著、文化十年）に、剝き身売りの売り声として、

「あさァりむッきん、蛤むッきん」

があり、剝き身は「むっきん」と発音したようだ。

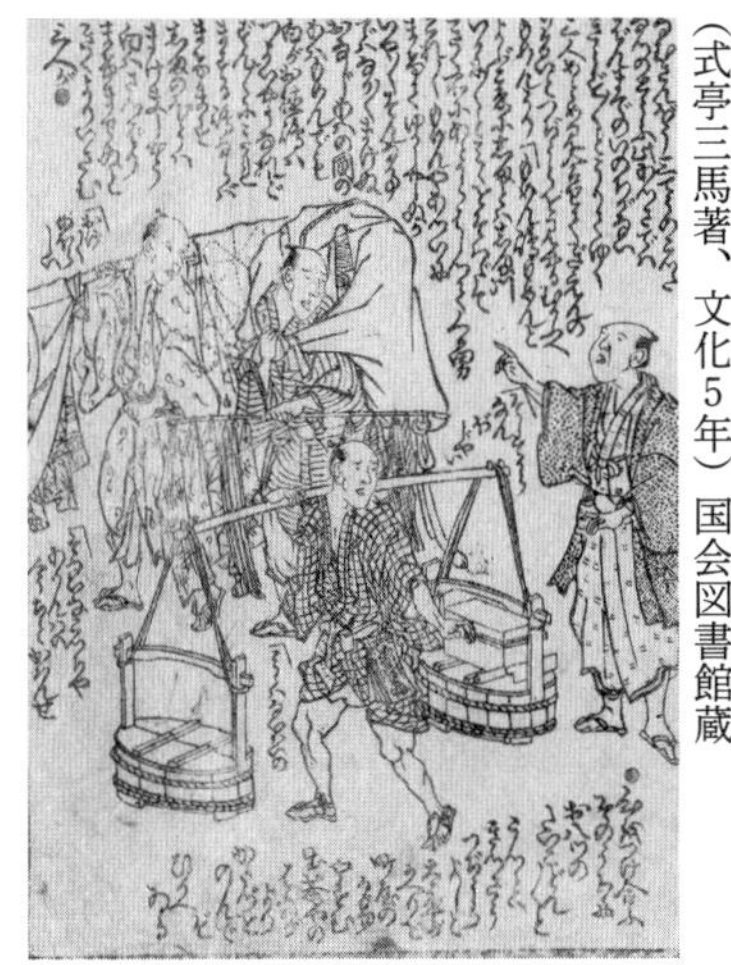

図②『御堂詣未刻太鼓』（式亭三馬著、文化5年）国会図書館蔵

図③『雁金紺屋作早染』（柳亭種彦著、文政9年）国会図書館蔵

なかば目をつぶり、さも症状を脳裏に思い描いているかのように演じながら、相手の言い分を根気よく聞き取る。そして、最後に診断をくだす。

「わかりました。蘭方でいうところのいぼ痔ですな。では、このオランダ渡りの妙薬を使ってごらんなされ」

座薬を渡し、肛門に挿入する仕方を説明する。

これで診療は終わりだった。

伊兵衛が気を利かせ、そっと会沢に尋ねた。

「薬代はいかほどでございましょうか」

このとき、会沢の頭にかねての計画がひらめいた。この絶好の機会を逃してはなるまい。

会沢は直接、亥三郎に言った。

「謝礼は不要です。その代わり、浮世絵を何点かいただきたいですな。長崎に持ち帰る江戸土産として、軽くてかさばらない浮世絵は最適でしてな。絵師は誰でもかまいませぬ。数日後には江戸を発ちますので、あらたに買い求めなくてよろしい。家にある物でもかまいませぬぞ」

「さようですか。では、あすにでも、さっそく届けます」

礼を述べるのもそこそこに、亥三郎は伊兵衛と一緒に、いそいそと帰っていく。いまは、ともかく早く家に帰り、もらったオランダ渡来の秘薬を肛門に挿入したいようだった。藤左衛門から座薬の驚異的な効果を聞かされているに違いない。

ふたりを見送ったあと、島辺は不満そうだった。

「歌麿や北斎、広重を指定すればよかったじゃないですか。そうそう、写楽なんか、いまの時点ではそれこそ二束三文で手にはいるはずですよ」

「そのあたりを考え出すと、金儲けの邪念がおきる。いまの時代の人々の好みや流行にまかせるのがいい。江戸時代の価値観を知ることにもなるしな。結果として、神保町でそれなりに高く買い取ってもらえれば、それでいいさ」

「なるほど、そうですか。それにしても、あれほど丁寧に問診する必要があるのですか。けっきょく、座薬を渡すだけでしょ」

島辺がずけずけと言った。

苦笑しながら、会沢はお留のほうを見た。黙々と夕食の準備をしている。こちらの会話に耳を傾けているであろうが、おそらく内容はほとんど理解できないはずである。それこそ、オランダ語と思っているかもしれない。

「けっきょくは座薬を渡すだけなのだが、それではありがたみがなかろうよ。やはり蘭方医らしくしなければならんからな。じつは、私もかつて痔でね、二十年ほど前に手術をした。そのときに、いろいろ本を読んで猛勉強した。だから、痔については、ひととおり知っている」

「それでわかりました。きのう、藤左衛門さんが痔だと見抜いたのは、経験があったからですね」

そのとき、お留が遠慮がちに声をかけてきた。

これから夕飯だというのだが、外を見るとまだ明るい。この時季の東京だと、五時過ぎくらいだろうか。だが、行灯用の油を節約するため、庶民の生活では日が暮れる前に夕食をすませるのが普通である。

　会沢が言った。

「うむ、それでは飯にしよう。飯がすんだら、交代で湯屋に行こうじゃないか」

「そうですね、ふんどしも新品に替えたいし」

　島辺も早めの夕食に賛成した。

　お留がふたりの前に膳を置き、お櫃から茶碗に飯を盛った。そのあと、自分は台所で膳に向かう。

「お留ちゃん、そんなところにいないで、こっちにきて、一緒に食べよう」

「いえ、あたしはここで」

　お留は頑として台所から動こうとはしない。分をわきまえているのである。強引な平等は、お留にはかえってつらいであろう。会沢はそれがわかったので島辺に目で合図し、誘うのをやめさせた。

　膳にのっているのは、飯と、鰯の塩焼き一尾と、古漬けの沢庵だけだった。その簡素さに島辺はあきれ顔をしている。辛辣な論評をする前に、会沢が先手を打って言った。

「庶民や下級武士のあいだには、『三日』という習慣があった。朔日、十五日、二十八日にはおかずに魚が付く。逆から言うと、一カ月のうち、この三日以外は魚は付かない。山城屋や水蓮亭は、いわばハレ（晴）の食事だ。日常のケ（褻）の食事はこんなものだぞ。それどころか、『三日』でもないのに尾頭付きの魚が出ているのだから、ケでは贅沢なほうと言えよう」

少なくとも、お留は贅沢な食事に感激しているはずだった。

（三）夜鷹蕎麦の麺は菓子屋製 ～ 立ち食いならぬしゃがみ食い

すでに外は真っ暗だったが、長屋のあちこちから赤ん坊の泣き声や、夫婦喧嘩らしき女の怒鳴り声が聞こえてくる。

湯屋から戻ってきた島辺が、行灯のそばに文机を置き、日記を書いている会沢に言った。

「ふんどしを替えたので、さっぱりしましたよ。ところで、先生、腹がすきませんか」

「じつは私も風呂から戻って、急に腹が減ってきた。思うに、夕食が早かったのと、質素だったからだろうな。いまの時代の男なら、鰯一尾と沢庵があれば飯を三、四杯は食うはずだ。ところが、きみも私もご飯は一杯きりだった。腹が減るはずだよ」

「考えてみると、僕らは日ごろ、肉や脂肪たっぷりのおかずをたくさん食べていますからね」

「私は外食が多いので知っているのだが、最近は同じ定食でも、券売機には『ご飯少なめ』という設定があるぞ。江戸の人々には理解できないだろうな」

「そこで、この夜中の空腹を満たす名案を思い付きました。風呂から戻ってくるときに見たら、表の通りに夜鷹蕎麦が出ています。どうですか、屋台の蕎麦を食いませんか」

「そういえば、さきほど『そばぃー、そばぃー』という声が聞こえたな。うむ、夜鷹蕎麦は私も体験してみたかった。よし、お留が戻ってきたら、三人で食べに行こう」

そう言いながら、会沢はいま三人世帯の生活をしているのを実感した。東京で失った三人世帯が、江戸で実現したことになろうか。

やがて、お留が路地のどぶ板に下駄の音を響かせながら、湯屋から戻ってきた。

さっそく島辺が夜鷹蕎麦を食べに行こうと誘うと、お留は身を固くして遠慮する。まるで、悪事への誘惑を懸命に拒否しているかのようだった。

島辺も相手の固辞に面喰い、言葉を失っている。

そこで、会沢が尋ねた。

「夜鷹蕎麦を食べたことはあるか」

「いえ、一度もありません。そんな勝手なことをしたら、叱られます」

「そうか。しかし、それは相模屋に奉公していたときのこと。いまは、わしが主人じゃ。さあ、これから蕎麦を食いに行くぞ。供をしなさい」

「へい」

三人がそれぞれ下駄を履き、外に出る。

月明かりがあるし、路地の両側のあちこちの腰高障子に行灯の火がほのかに映っているので、提灯がなくても歩ける。

木戸から表の通りに出ると、夜鷹蕎麦はすぐにわかった。屋台に取り付けた行灯に火がともっているため、矢が的に当たった絵と、「そば　かん酒」という文字がはっきりと浮き出ていた。

屋台の主はかなりの年配で、手ぬぐいで頭を包み、股引をはき、着物は尻っ端折りしていた。

会沢はかけ蕎麦を三杯注文したあと、どういう作り方をするのか興味津々だったが、やはりあたりが暗いのでよく見えないし、身を乗り出して手元をのぞき込むわけにもいかない。この際、かねてからの疑問をぶつけてみた。

「蕎麦は自分で打つのかね」

「自分で蕎麦を打つ屋台の蕎麦屋なんぞ、いやせんよ。みな、菓子屋から買うんでさ」

「ほう、菓子屋が麺を作っているのか」

「蕎麦も、うどんも打っていますよ」

「そうだったのか。これでわかった」

会沢は長年の疑問が氷解した思いだった。

店舗の蕎麦屋であれば、おそらく亭主が蕎麦打ちをするのであろう。だが、屋台商売で、裏長屋住まいであれば、とても蕎麦打ちをする場所などない。いわば市販の麺を仕入れていたのだ。

それにしても、菓子屋が麺の製造販売をしているのは意外だった。和菓子作りが麺に応用できるのだろうか。

「駅の立ち食い蕎麦と同じですね。チェーン店であれば、麺は本部から送られてくるでしょうし、個人経営なら市販の麺を使っていますよ。あとは茹でるだけ。駅の立ち食い蕎麦は、夜鷹蕎麦が原型なんじゃありませんかね」

島辺が新説を述べた。

かけ蕎麦三杯ができあがり、それぞれ箸と共に受け取る。

蕎麦屋（屋台）

図①『磁石山浮世精霊』（万亭応賀著、弘化２年）国会図書館蔵

夜の江戸の町といったとき、真っ先に思い浮かぶのが屋台の蕎麦屋であろう。夜間営業をしていることから、夜鷹蕎麦ともいった。

図①の文中に、「熱がけを食い、値段を尋ねければ、三人にてふたつずつ食い、都合一ト筋と言われて」とある。

三人が熱いかけ蕎麦を二杯ずつ食べ、全部で料金は「一ト筋」、つまり一文銭を銭緡に通した一本なので、九十六文だった。一杯がちょうど十六文である。

図②『島廻浪間朝比奈』（柳下亭種員著、安政２年）国会図書館蔵

屋台の前に床几(しょうぎ)などが置かれているわけではない。夜道で立ち食いどころか、しゃがみ食いだった。また、同じかけ蕎麦を続けて二杯食べるなど、現代では考えられないが、当時ではよくあることだった。

それにしても、図②にあるように、屋台は肩にかついで運ばなければならない。丼や麺、湯、火種を入れた火鉢などの総重量を考えると、十杯も出れば、ほぼ売り切れだったのではなかろうか。なお、行灯(あんどん)には「そば　かん酒」とあり、燗酒も提供したようだ。となると、ますます重くなる。

図③は、客待ちをする蕎麦屋の後ろ姿である。

風鈴をさげ、行灯には「おだ巻　そばきり　うんどん」と書かれている。「おだ巻」は「しっぽく」ともいい、玉子焼、蒲鉾(かまぼこ)、椎茸(しいたけ)、慈姑(くわい)などの具を加えたもの。麺は蕎麦とうどんの用意があったようだが、だし汁は同じ物の流用であろう。

図③『花曇朧夜草紙』（為永春水二世著、万延2年）国会図書館蔵

お留は地面にしゃがみ、膝(ひざ)に丼の底をのせるようにして食べ始めた。初めは立ち食いをしていた島辺もお留にならい、横にしゃがんで食べ始める。会沢だけは立ったまま、蕎麦をすった。

「ああ、おいしい。こんなおいしい物、初めて食べました」

お留がうっとりしたように言った。

江戸で最初に食べた蕎麦とほとんど同じなのだが、島辺は、

「うむ、うまいな、これはうまいぞ」

と、満足そうだった。

合わせて四十八文を支払いながら、会沢は屋台には水など備えていないのに気付いた。そもそも肩でかついで運ぶのだから、備品は最小限にしている。回収した箸と丼は洗うこともなく、次の客に使用するのであろう。

長屋に戻ってから、お留がぽつりぽつりと語るところを総合すると、同じ年若い奉公人でも丁稚小僧(でっちこぞう)などはけっこう使いに出されるため、先方で駄賃(だちん)をもらい、屋台の買い食いもできる。店内の仕事に限られる下女のお留は、丁稚たちの内緒話を聞きながら、うらやましくってならなかったのだという。きょう、生まれて初めて屋台の蕎麦を食べ、本当に嬉(うれ)しかった、と。

「そうかぁ」

そう言ったあと、島辺は珍しく黙っている。涙をこらえているのかもしれなかった。

お留が布団を用意してくれた二階で、会沢と島辺は並んで寝る。お留は一階の隅っこに布団を敷き、寝たようだった。

こうして、裏長屋の第一日が終わった。

（四）現代の家庭薬で江戸なら名医に！

朝食は、お留が作った豆腐の味噌汁と飯、それに沢庵だった。豆腐は早朝、行商人が売りに来たものである。

朝起きてから、会沢竜真は地図を見ながら、島辺国広に言った。

「きょうは両国橋の西詰に行ってみようか。浅草奥山と並ぶ江戸最大の盛り場なので、ぜひ一度、歩いてみたい。それと、きみは張形を手に入れたいと言っていたな。張形を売る四ツ目屋は両国薬研堀にあるから、近いぞ」

「いいですねぇ。もし時間があれば両国橋を渡って、現在の国技館や江戸東京博物館のあるあたりも歩いてみたいですね。この時代、どんな風景なのか楽しみですよ」

「うむ、そうしようか。お留には留守番をしてもらおう」

そんな計画を立てていたのだが、朝食を終えるのを待ちかねたように、大家の八兵衛が顔を出した。驚いたのは、大家のあとに十人近い男女が続いていることだ。なかには、まだ幼い男の子と女の子もいた。

「長屋の連中のあいだに、目の病がはやっておりましてね。どうか、診てやってはいただけないでしょうか。お願いいたします」

そして、八兵衛が頭をさげた。それを見て、後に続く長屋の住人もいっせいに頭をさげる。

「う〜ん」

会沢もうなった。いつしか、眼科の名医の評判が広がっているようだった。すでに十人近い人々が路地に並んでいるのを見ると、断わるわけにもいかない。

「ちと、お待ちくだされ。大事な所用があり、これから出かけなければならないものですから」

まずは衝立（ついたて）を用意し、その陰で島辺と相談する。

「この長屋を無料で提供されたことを考えても、引き受けねばなるまい。しかし、へたをすると朝から晩まで対応に追われ、本来の目的である江戸の町歩きができなくなりかねんぞ」

「ここは僕が仕切りましょう。任せてください」

「どうするんだね」

「テレビで時々、『行列のできる店』を特集しているじゃないですか。そんな繁盛店の対策に学ぶのです。番号札を作って渡しましょう。番号札を持っている人に限るわけです。そうすれば、とりあえず午前中には終わるでしょう」

「いいアイデアだな。ただし、番号は漢数字で書けよ。うっかりアラビア数字を書くと、妙に思われるぞ」

「えっ、ああ、そうでしたね」

島辺は虚を突かれたような顔をしている。数字について、まったく失念していたらしい。

それでも、島辺は手早く紙を名刺くらいの大きさに切ると、そこに墨を含ませた筆で壱、弐、参、四……と書いていく。なかなかの達筆である。子供のころ習字を習っていたのかもしれない。

会沢はちょっと見直した。

路地で、島辺が声を張りあげた。

「竜真先生はお忙しいので、きょうはこの番号札を持っている方に限らせていただきます。あとから来た方は、申し訳ないのだが、あす以降になります。よろしいですね」

番号札を、並んでいる人々に渡す。列の最後は拾番だった。

いっぽう、お留も大忙しだった。急に待合室に人があがり込んできたため、大混雑である。会沢に命じられ、盥（たらい）に湯を用意しなければならない。

会沢は衝立の向こうにいて、番号順にひとりずつ呼出し、診察する。診察といっても、目薬を差せばそれで終わりなのだが、そこはもったいぶって、もっともらしく目の状態をながめ、問診する。その過程で、稼業や生計の様子が知れるのが興味深かった。あとで、くわしくノートに筆記するつもりである。

なかには、目が爛（ただ）れた状態の男の子もいた。このまま放置していると最悪の場合、失明するかも知れない。会沢は抗菌目薬を点眼しながら、内心で「治ってくれよ」と祈った。また、目が見えにくくなったと訴える初老の女もいた。もしかしたら白内障（はくないしょう）などかも知れないが、会沢にはどうすることもできない。いわゆる清涼目薬を差してお茶を濁したが、少なくともしばらくのあいだは目の状態は改善するであろう。

そんな混雑のなか、大家の八兵衛が島辺に言った。

「若先生、ぶしつけながら、謝礼はいかほどお渡しすればよいのでしょうか。じつは、みな、そ

「無料です。竜真先生は高潔な方で、医は仁術を信奉しておられる。しかし、ただでは気持ちがすまないということであれば、浮世絵を一枚でも二枚でもよいので、持ってきてください。先生は浮世絵を江戸土産にするおつもりのようなので、きっとお喜びになるでしょう。なんなら、春画でもよいですぞ」

「シュンガと言いますと……」

「枕絵とも、笑絵とも言いますな」

「へえ、へえ、わかりました。では、あたくしから連中に伝えておきます。ふふ、できるだけ、すごいものを」

八兵衛が含み笑いをしながら言った。

そのとき、縫箔屋の主人の亥三郎が現われた。人であふれているのに驚き、入口で立ちすくんでいる。ようやく島辺の姿を見つけ、声をかけた。

「若先生、若先生、いったい、どうしたのでございますか」

島辺がいきさつを説明した。

亥三郎はさもありなんという表情でうなずいた。

「ははぁ、そうでございましょうな。じつは、あたくしも治りましてな。信じられない思いです。もう、夢を見ているようと申しましょうか。さっそく、せめてものお礼として、浮世絵を持参いたしました。商売柄、図案の参考にするため買い求めておりました。そんななかから、きれいな

江戸の医者

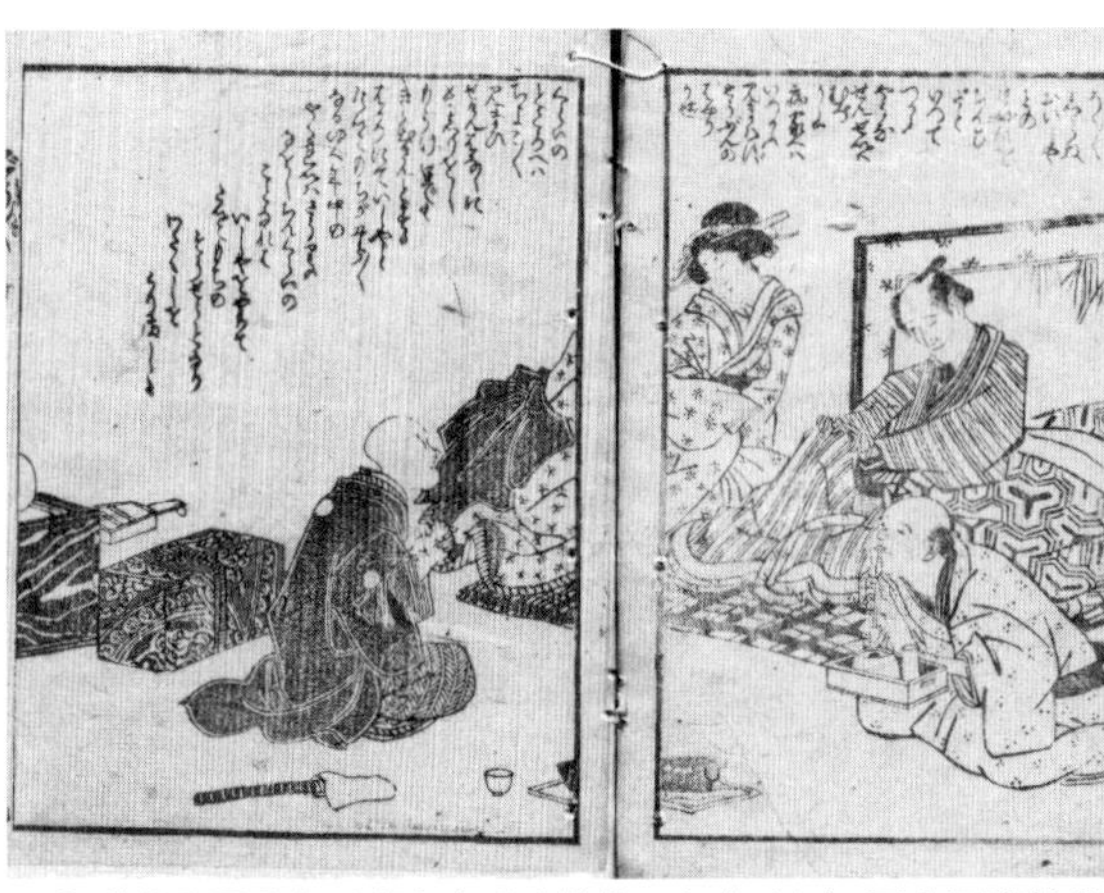

図①『道具屋十七兵衛』（三巴亭著、文政元年）国会図書館蔵

江戸時代、誰でも医者を名乗ることができた。医師免許の制度などなかったからである。

なお、当時、医者といえばすなわち漢方医のことだった。

『傷寒論（しょうかんろん）』を読んだだけで、堂々と医者と称している者すらいた。『傷寒論』は中国の後漢時代末に成立したとされる医学書だが、江戸時代の後期からすると、およそ千六百年も昔の古典である。

千六百年前の医学書が、当時においてもなお教科書として尊重されていた。

かくして、江戸時代、ほとんど素人同然の医者が診断し、薬などを処方していた場合もあったわけだが、薬は漢方薬だったため、効き目はおだやかである。そのため、たとえ間違った処方をしても、さほど激しい副作用などはなかったのであろう。

もちろん、漢方もまったく停滞していたわけではなかった。また、名医と呼ばれる医者もいたし、そんな師のもとで漢方医学の研鑽（けんさん）を積んだ者もいたのはたしかである。

　さらに、安永三年（一七七四）に『解体新書』が刊行され、西洋医学である蘭方医学を学ぶ者も増えてきていた。

　しかし、大多数の庶民にとっては医者とは依然として漢方医のことであり、迷信や怪しげな民間療法もはびこっていた。

　図①は、往診にきた医者が、病人に症状を尋ねているところである。当時、往診はごく普通におこなわれていた。

　図②は、医者の家の診察室の光景である。かなりはやっている医者らしく、多くの患者が詰めかけている。

　若い弟子は机の上で、薬の準備をしている。薬簞笥の引き出しには、漢方薬の材料である薬草などが収納されていた。

図②『春の文かしくの草紙』（山東京山著、嘉永6年）国会図書館蔵

物を二十枚ほど選んでまいりました」

そう言いながら、後ろを振り返った。

供の丁稚小僧が包みを差し出した。和紙で丁寧に包装した浮世絵二十点である。

「それと、これは些少でございますが、先生にお渡しください」

亥三郎は、ふところから取り出した懐紙の包みを島辺に手渡した。金がはいっているのはあきらかである。

「恐縮ですな。先生とお話になりますか」

「いえ、こんなときに、あたくしごときが邪魔をしては申し訳ありません。これで帰りますので、くれぐれも先生によろしくお伝えください」

深々と腰を折ったあと、亥三郎は供の丁稚を従えて帰っていく。

それとほとんど入れ替わるように相模屋の手代の伊兵衛が顔を出したが、やはり詰めかけた人数を見て驚いていた。

(五)　江戸のアダルトショップ～電気がないから白昼堂々ストリップ

番号札を渡した患者の診察を終えるや、伊兵衛とお留に留守番を頼み、会沢と島辺は逃げるように長屋から出た。ゆっくりしていると、断わりきれない患者がいつ飛び込んでくるかわからなかった。

「亥三郎は二分と二朱、包んでいた。これで張形も手に入れられるかもしれないぞ」

「春画と張形。これで当初の目的は達成できそうですね」

島辺は上機嫌だった。

その足取りは軽く、すでに足指に傷テープは貼っていない。もう草履(ぞうり)の鼻緒(はなお)に慣れたようだった。

「ところで、よく両国橋西詰といいますが、両国橋の西側という意味ですか」

「その通り。隅田川に架かる両国橋の西詰、つまり西側は現在の中央区、東詰つまり東側は墨田区だな。西詰も東詰も盛(さか)り場(ば)になっているが、とくに西詰は両国広小路(ひろこうじ)といい、江戸でも最大の盛り場だ」

鍋町を出発したふたりは、相模屋のある神田お玉が池を抜け、さらに旅籠屋の山城屋のある馬喰町を抜けた。まだ江戸滞在は数日なのにもかかわらず、すでに馴染(なじ)みのある道のりだった。

「まず、四ツ目屋に行ってみましょう」

島辺が勇み立った。

やがて、両側に大店が軒を連ねる通りになった。

「このあたりが薬研堀だと思うがな。さすがに、人に『四ツ目屋はどこですか』と聞くのは恥ずかしいぞ」

会沢があたりを見まわす。

同じくあたりを見まわしていた島辺が、軒(のき)看板に気付いた。

「先生、あそこに長命丸(ちょうめいがん)と帆柱丸(ほばしらがん)とあります。あそこじゃないですか」

張形

張形は疑似陰茎である。水牛の角や鼈甲で作られた。図の説明に、「宮仕えの女中、独り寝の楽しみにのみ用うるにはあらず、淫乱なる女を悦ばすに用ゆる道具なり。大きさ定まりなく、凡そ長さ五寸五、六分、大小有り」とあり、長さは十六～十七センチ程度だという。宮仕えの女中、つまり奥女中が自慰に用いるだけでなく、男が女を喜悦にみちびくために用いることもある、と。

張形はその淫靡なイメージから、春本や春画、バレ句（好色川柳）、艶笑譚などに頻出している。そのため現在、江戸の女はあっけらかんと張形を買い求め、誰はばかることなく使用していたと書いている本すらある。

しかし、そもそも水牛の角も鼈甲も長崎を通じてもたらされる輸入品であり、高価だった。水牛の角や鼈甲で作られた張形を庶民の女が手軽に利用できたはずがない。とくに鼈甲製の張形ともなると実用的な性具というより、贈答用あるいは観賞用の精緻な工芸品だったと思われる。

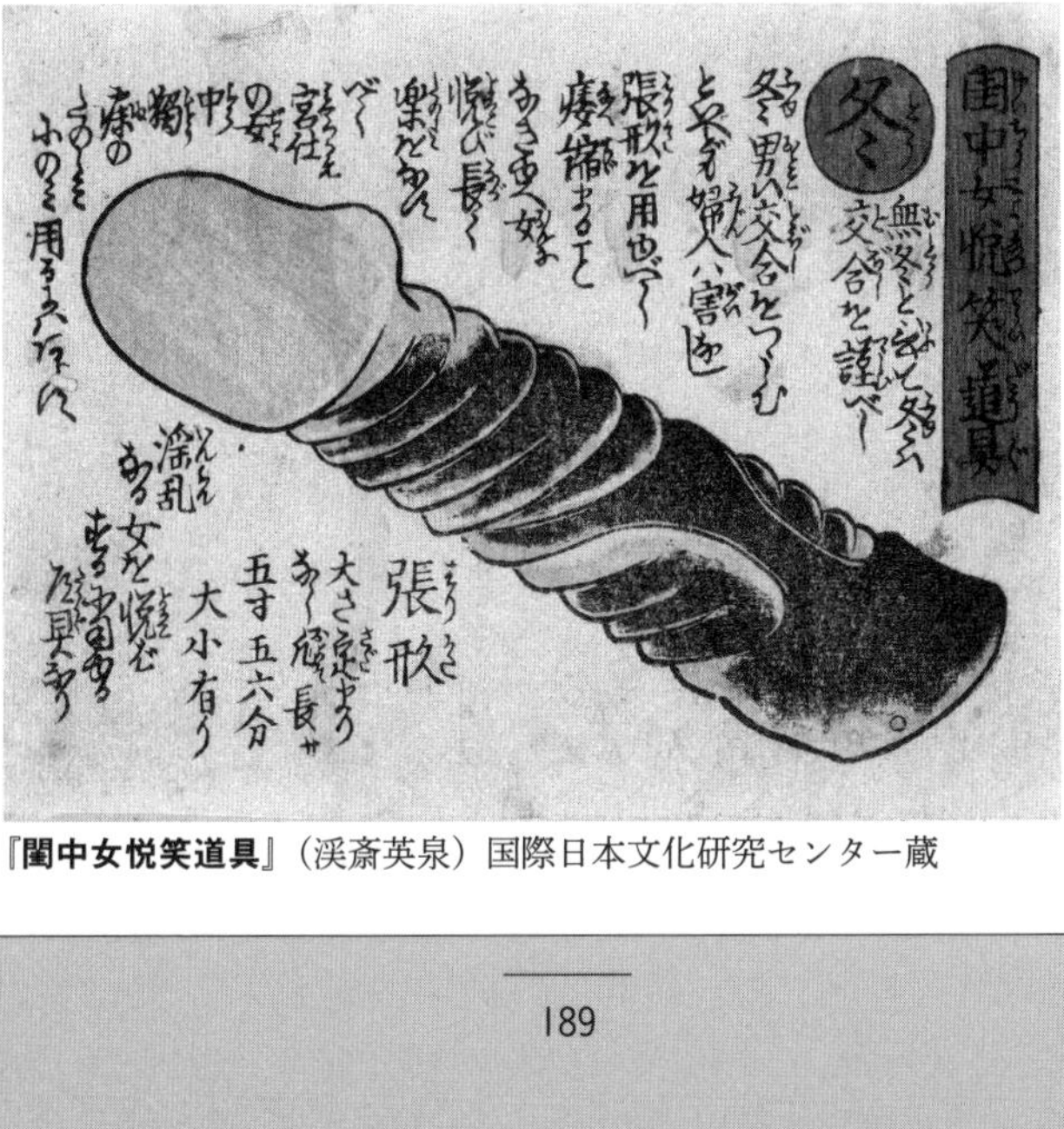

『**閨中女悦笑道具**』（渓斎英泉）国際日本文化研究センター蔵

「うむ、そうだな。長命丸と帆柱丸は四ツ目屋の主力商品だからな」

「どういう薬なんですか」

「長命丸は陰茎に塗る薬で、男を長持ちさせ、女の性感も高める。帆柱丸は男の能力を回復させる、いわゆるバイアグラだな。しかし、これはあくまで四ツ目屋が謳っている効能だから、本当のことはわからん」

　相模屋よりは規模は小さいが、店の造りはほとんど同じだった。暖簾には四つの菱の目を組み合わせた、いわゆる四目結の商標が染め抜かれていた。

　店先にふたりが立つと、手代らしき男が声をかけてきた。

「いらっしゃりませ」

　会沢が島辺を横目で見ると、急に気後れしたのか、目を伏せてもじもじしている。どう切り出せばよいのか、わからないようだった。

　やむなく、会沢が言った。

「江戸土産に、張形を求めたいと思っておるのですがな」

「さようでしたら、どうぞ、おあがりください。奥で、お見せいたしますので」

　手代は丁寧ながらも、みだりに店先で見せることはできないのを言外に示した。四ツ目屋の規則のようだ。

　これには会沢も困った。なまじ店のなかにはいってしまうと、買わないわけにはいかなくなる。まだ、値段も皆目わからないのだ。

「じつは、急いでおるので、帰りにまた寄りましょう。いちおう、値段だけうかがっておきましょうかな。金の用意をしないといけませんのでな」

応対する手代も相手が医者なので、たんなる冷やかしとは思っていない。きちんと答える。

「さようでございますね、水牛の角でできた物で、一両前後。最高級の鼈甲でできた物は三両から四両でございます」

「ほう、さようですか。では、後ほど」

会沢は軽くうなずきながら言ったが、内心では驚愕した。あきれたといってもよい。

まさにほうほうの体で四ツ目屋の店先から離れる。

「おい、とても無理だぞ。目の玉が飛び出るほど高いとは、このことだ」

「僕が読んだ本には、江戸の女は性にはおおらかで、平気で張形を買い求め、あっけらかんと楽しんでいたと書かれていましたがね」

「裏長屋に住む女が一両もする張形を買えるわけがなかろうよ」

「そうですよねえ。でも、何故、そんなに高いのでしょう」

「鼈甲は、玳瑁という海亀の甲羅だ。鼈甲も水牛の角も、オランダ船が長崎に運んでくる輸入品だ。高価で貴重な素材を、熟練の職人が加工して張形にする。高くなるわけだ。庶民の女が気軽に手にできるような代物ではない、ということだろうな」

「もう張形はあきらめ、両国広小路をぶらつきましょうか。でも、せめて現物を見るだけでも見たかったなぁ」

島辺はなんとも残念そうだった。

両国広小路には芝居、見世物、揚弓、講釈などの小屋が建ち並んでいた。水茶屋や髪結床も多い。また、寿司、天ぷら、蕎麦などの屋台もずらり並んでいた。そのあいだを、老若男女がひっきりなしに行き交っている。各種の食べ物のにおいと喧噪で、まるで沸き返るかのようなにぎわいだった。

「さすが江戸随一の盛り場ですね。それにしても、建物がみなお粗末ですね。まるで難民キャンプのようですよ」

「両国広小路は本来は火除地で、本格的な建築物は禁止されている。いざというときはすぐに取り壊すという条件で、いわば仮設の建物での営業が許されているわけだ」

「なるほど、それで壁は筵なんですね」

ふたりが歩いていると、あちこちから茶屋女が声をかけてくる。

「お茶、あがりませ。団子でも焼きやしょうかえ」

道端に編笠をかぶった男が立ち、重々しい口調で唱えている。

「願い望み、当卦本卦の占い、失せもの、待ち人、夢判じ、相場の高下まで見通しの占い」

占いをする辻八卦だった。

一軒の葦簀張りの水茶屋では、店先で田楽を焼いていた。味噌を付けた豆腐を串に刺して並べ、女が団扇であおいで炭火の火力を強めている。

その味噌の焦げる香りに食欲をそそられ、思わず島辺が足を止めた。すかさず、茶屋女が声をかけてきた。

「お寄んなんし。奥がすいております。田楽、お早うございます」

「どうです、先生、食べませんか」

「よかろう」

ふたりは床几に腰をおろし、茶を飲みながら田楽を食べる。

「先生、この田楽、灰まみれですよ」

「団扇でパタパタやっているから、炭火の灰が飛んだのだろう。べつに灰は毒ではない。味付けと思えばよかろう」

それでも、島辺はふうふう息を吹きかけて灰を飛ばそうとしていたが、ついにあきらめ、口に入れた。

「まあ、食えますね」

その後、ふたりは天ぷらの屋台で、魚のすり身や車海老などの天ぷらを立ち食いし、烏賊焼きの屋台では串に刺して焼いた烏賊を立ち食いし、さらに団子も立ち食いした。

見世物小屋が林立する一角があった。

筵掛けの小屋の入口には、毒々しい色彩で三つ目や、ろくろ首の娘などを描いた看板がかかっている。

そのうちの一軒は、三本足の女の看板を掲げていた。入口には、鼠木綿の着物に手甲脚絆の姿で厨子を背負う、六十六部のかっこうをした木戸番が立ち、手にした鉦をカンカンと叩いていた。

「さあ、さあ、はいってご覧じろ。見るは一ッ時、咄は末代。見られるはあの子の因果。年は十七の花の盛りなれども、三本足なればとても人交わりはかなわぬあの娘の因果。たった銭は四文、見てのお戻り、お戻り」

　その口上を聞きながら、島辺が言った。

「なんとなく、なつかしい感じがしますね。僕は個人的にはまったく経験がないのに、何故でしょう。あのいかさま感は、日本人の原風景のひとつのような気がするのですが」

「おそらく、映画の寅さんシリーズの影響だろうな」

「なるほど、フーテンの寅さんですか。それは鋭い指摘ですね」

　とくに看板は掲げていないが男が行列を作っている見世物小屋があった。入口で木戸番の男が、

「やれ突け、それ突け。木戸銭は十二文。まもなく入れ替え」と、だみ声で唱えている。

　筵掛けの小屋のなかからは、にぎやかな三味線の音が響いてくる。

　会沢はピンとくるものがあり、島辺の袖を引いた。

「これを観ていこう」

「何の見世物ですか」

「見ればわかるさ。入れ替え制のようだから、並ぼう」

　笑いながら、会沢が行列の最後についた。

　しばらくして、ドンドンドンと太鼓の音がした。どっと人が出てくる。みな男ばかりで、ニヤ

ニヤ笑っている者もいれば、顔を上気させている者もいた。なかには、数人連れの武士もいた。続いて、入場となる。会沢と島辺は後ろから押されるようにしてなかにはいった。木戸銭は十二文なのでやや高いにもかかわらず、まさに立錐(りっすい)の余地もないほどの混雑である。話題の見世物であることが見て取れた。

正面に簡単な舞台が作られていた。

しばらくすると、舞台に十七、八歳くらいの女と、ひょっとこの面をかぶった男が登場した。男は竹の棒を持っていたが、棒の先には布で作った大きな陰茎が取り付けられている。そのふくらみは、なかに綿を詰めているのであろう。

舞台の袖には、三味線をかかえた年配の女が座っている。

太鼓がドンドンとなり、年配の女が三味線でにぎやかなお囃子(はやし)を弾(ひ)き始めた。

若い女がパッと着物の裾(すそ)をまくりあげた。緋縮緬(ひぢりめん)の湯文字に、太ももの白さがまぶしいばかりだった。ぐいと股を広げる。もう、丸見えだった。陰毛の茂みの下に、淫靡な色をした切れ目があった。

ひょっとこの面をかぶった男が、「やれ突け、それ突け」と踊りながら、竹の先の陰茎で女の局部を突こうとする。

女の方は下半身むき出しのまま踊りながら、「当ててみるなら、当ててんか」と、腰を卑猥(ひわい)に動かし、たくみに陰茎の突きをかわす。

そんな女の動きを観客は目で追い、ひたすら陰部を注視していた。

みなと一緒に見世物小屋から吐き出されながら、島辺が言った。

「この時代にもストリップショーをやっていたんですね。しかも、真っ昼間ですよ」

「昼間だからこそさ」

「えっ、どういうことです？」

「広小路の建物はみな、建前として臨時だからな。夕方までには営業をやめなければならない。それに、電気がないからな。夜間、蠟燭の明かりで演じたのでは、肝心のところが見えないだろうよ」

会沢の明快な解説に、島辺が愉快そうに笑った。

「それにしても、何とも馬鹿々々しいショーでしたね」

そのとき、走ってきた若い娘が蹴躓き、転倒しそうになった。

とっさに島辺が手を差し伸べ、体をささえようとした。娘の片足から下駄が脱げて体が傾き、島辺の胸に飛び込んできた。その体を島辺が抱きとめる。十六歳くらいで、縞縮緬の着物を着ており、大店の娘らしかった。

「おい、その女をこちらへ寄越せ」

目を異様に光らせた武士が甲高い声で叫んだ。

羽織袴で、足元は雪駄だった。顎がとがり、なんとなくカマキリを連想させる顔だった。

地面には娘の供をしてきたらしい丁稚小僧が横たわり、しくしく泣いている。顔も着物も泥だらけだった。

ここにいたり、会沢もようやく状況が呑み込めた。これまで三味線の音が響く見世物小屋にいたため、外で騒動がおきているのに気付かなかったのだ。

おそらく、丁稚が武士の刀の鞘(さや)に触れるかどうかしたのであろう。武士は激昂(げっこう)して丁稚を突き飛ばし、足蹴(あしげ)にした。恐怖に駆られた娘は走って逃げようとしたが、着物と下駄ではとても走れない。つまずいて、島辺の胸元に飛び込んできたというわけだった。

「おい、きさま、拙者(せっしゃ)の声が聞こえぬのか」

武士がねめつけ、近づいて来る。最初こそ島辺の出現にちょっとひるんだようだったが、相手はしょせん町人と見くだしていた。しかも、何といっても腰に両刀を帯びている。

島辺は娘を自分の背後に押しやってかばい、言い放った。

「いい加減にしないと、警察を呼ぶぞ」

口に出したあと、すぐに自分の失言に気付いたようだった。しまったという顔で、こんな場面にもかかわらず照れ笑いをした。

その笑いが武士を逆上させた。

「おのれぇ、町人の分際で、武士を愚弄(ぐろう)する気か」

つつと詰め寄るや、島辺の胸倉を取り、引き倒そうとする。

島辺が反射的に相手の襟(えり)と袖をつかみ、腰をひねった。

次の瞬間、武士の体が宙に浮いた。空中で半回転して、背中からドサリと地面に落ちた。腰の大刀は鞘ごと飛び出して、そばに転がった。脇差(わきざし)は鞘ごと帯から突き出ている。

「おおぉーッ」

まわりの人々からどよめきがおきた。

武士はピクリともしない。背中と後頭部を地面に打ちつけ、完全に失神していた。

会沢が島辺の腕を取った。

「おい、早くこの場から去ろう」

続いて、片足がはだしのままでふるえている娘に言った。

「あの男の子と一緒に、早く逃げなさい」

娘は体がすくんで声も出ないのか、こわばった顔で小さくうなずいた。

足早に歩きながら、会沢が言った。

「あれは背負い投げか」

「いえ、内股です。相手が袴だったので、とっさに足を股に入れて撥(は)ねあげたのですがね」

島辺は顔面蒼白(そうはく)で、声はふるえている。いまになって恐怖がこみあげてきたようだった。

相手が刀を抜かなかったのがさいわいだった。もし相手が刀を抜いていたら、まったく違った展開になっていたであろう。

「きみの体格からして、何かスポーツをやっていたのだろうとは想像していたが、柔道をやっていたのか」

「小学生から中学生まで、柔道一直線でしたから。小学生のころ、〝将来の夢〟という文集に、『僕の夢はオリンピックに出て、金メダルを取ることです』と書いた口ですよ」

「高校ではやらなかったのか」

「高校では剣道部にはいりました。柔道でオリンピック出場は無理と分かったのと、僕の高校は剣道部が強かったのですよ。うまくいけば、僕も全国大会出場が可能かなと思いましてね。それに、剣道のほうがかっこいいですからね。女の子にもてるかもしれないと思いまして」

「で、どうだったのかね」

「やはり無理でした。けっこう猛稽古をしたんですけどね。試合に出場するのはみな、小学生くらいから剣道をやっている連中なのですよ。もし僕に天稟の才能があったとしても、高校から始めたのではとても彼らに追いつけません」

「そうか、すでにスポーツは英才教育の時代だったのだな。それにしても、見事な投げ技だったぞ」

「じつは、僕も柔道が実戦的だったのを知って、驚いているんですよ」

「まさに格闘技だな」

「あんなにきれいに技が決まったのは初めてです。思うに、相手が柔道は素人で、しかも体重が僕より軽かったからでしょうね。僕は何度か試合にも出たことがあるのですが、あんなにきれいに技が決まることは、まずありません。試合となると、しかも勝ち進めば勝ち進むほど、おたがいに実力は伯仲してきますからね。なかなか技が決まらず、ポイントの差で優勢勝ちというのが

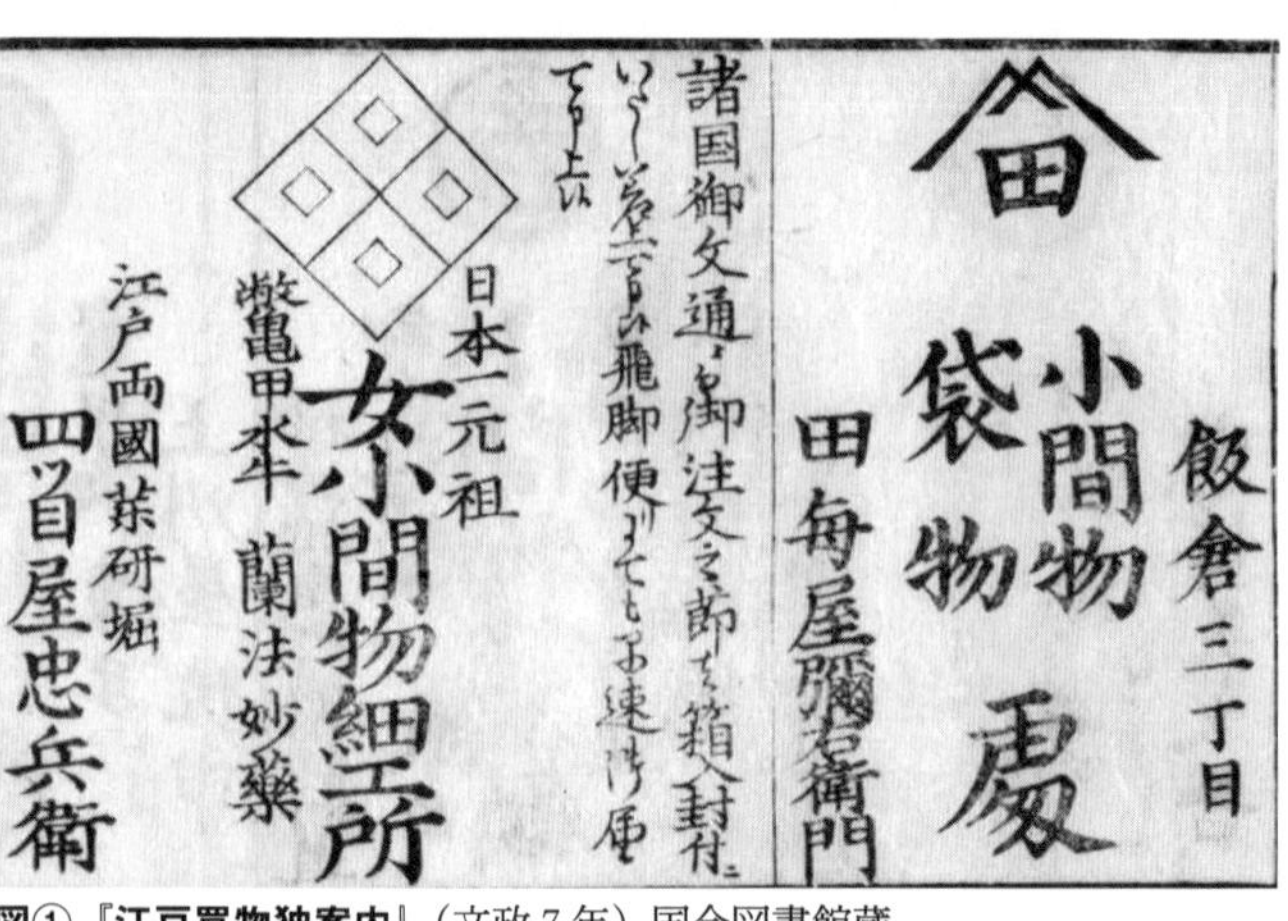

飯倉三丁目
小間物
袋物
處
田毎屋彌右衛門
諸国御文通ニ御注文之節ハ箱入封付ニ
日本一元祖
女小間物細工所
鼈甲水牛　蘭法妙薬
江戸両國薬研堀
四ツ目屋忠兵衛

図①『江戸買物独案内』（文政７年）国会図書館蔵

四ツ目屋は両国薬研堀に店を構え、性具や媚薬を販売していた。現代でいえばアダルトショップ（ポルノショップ）である。

１４５、１４６ページでも触れたが、『江戸買物独案内』は買い物や飲食関係の店を紹介したガイドブックで、いわば江戸の老舗・名店紹介といってよい。

図①は、『江戸買物独案内』に掲載された四ツ目屋の紹介である。

現代、『東京の名店ガイド』にアダルトショップが掲載されるなど、とうてい考えられないが、『江戸買物独案内』には四ツ目屋が江戸の名店として堂々と登場していた。

もちろん性具や媚薬とは書いていないが、紹介を子細に見ると、「鼈甲水牛 蘭法妙薬」とある。何とも思わせぶりといおうか、わかる人にはわかるといおうか。

鼈甲と水牛は張形、蘭法妙薬は媚薬のことである。「女小間物細工所」という表現も、張形などの性具を連想させる。

四ツ目屋はバレ句（好色川柳）や艶笑譚にもしばしば取りあげられ、有名だった。また、目抜き通りである両国薬研堀に店を構えていたことから、かなりの大店（おおだな）だったと想像できるが、その外観や店内をきちんと描いた絵はない。

図②は薬屋である。

おそらく、四ツ目屋もこのような店舗だったと思われる。

ただし、看板には「長命丸」、「帆柱丸」などと記されていたであろう。長命丸も帆柱丸も、ともに媚薬である。

国学者・石川雅望（いしかわまさもち）の『都の手ぶり』（文化六年）にも、両国橋の近くの光景として、四ツ目屋の長命丸や帆柱丸の看板が目立っていたと書かれている。

なお、図①の案内を読むと、四ツ目屋は注文を受け、地方発送もしていたことがわかる。すでに通信販売もおこなっていたことになろう。

図②『本家信陽東山堂之略図』国際日本文化研究センター蔵

見世物小屋

図①『開談遊仙伝』（歌川貞重、文政11年）国際日本文化研究センター蔵

図①は、筵掛けの小屋でおこなわれている卑猥なショーである。

火吹竹を口に当てた男に向かい、股を広げた女は、

「それそれ、もっときつうくお吹きよ。ああ、上だよ、上だよ、あれえ、下を下を」

と、あおっている。

春画なので誇張はあるが、紀州藩の下級藩士酒井伴四郎の日記（『酒井伴四郎日記』として知られる）の記述によると、同様な猥褻ショーが実際に両国広小路の見世物小屋で演じられていた。真っ昼間、武士も庶民も一緒になってながめていたのがわかる。

だから、図①は多少の誇張はあるとしても、まったくの作り事ではない。

図②は盛り場の光景で、右手に見

世物小屋があり、看板には「人面疔（じんめんちょう）」とある。

疔は悪性の腫物のことだが、人面疔とは膝などにできた腫物が人の顔のようになったものである。その人面が口をあけてしゃべったり、食べ物を食べたりするとして、見世物にした。

もちろん、人々の怖いもの見たさの心理に付け込んだ、いかさまである。

見世物小屋の出し物は、多くは猥雑で悪趣味だった。

木戸銭（きどせん）（入場料）はたいてい四文から八文くらいだが、評判の見世物になると三十二文にもなった。

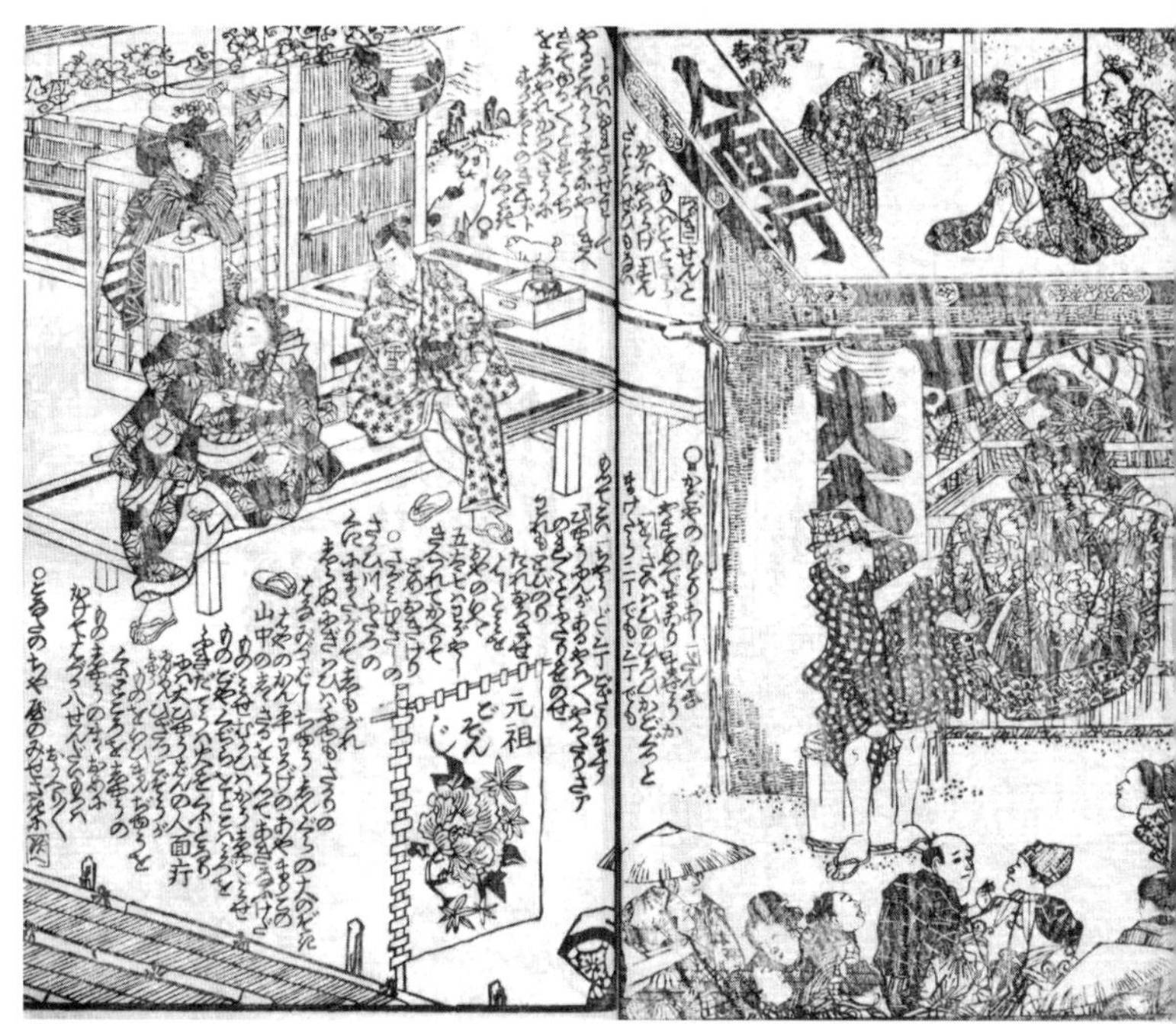

図②『咲替莽日記』（墨川亭雪麿著、安政元年）国会図書館蔵

多いのですよ。それにしても、あの侍、後頭部を強打しましたよね。ちょっと心配なんですが」

「下がコンクリートやアスファルトなら心配だが、やわらかい地面だ。何も心配することはない。そのうち息を吹き返すさ」

会沢の断言を聞き、島辺も気が楽になったようだった。

いつしか、見覚えのある薬研堀の通りを歩いていた。

「ちょっと残念だが、このまま帰ろう。このあたりをうろうろしていて、あの侍に出くわしたらまずいからな」

「そうですね、きょうのところは帰りましょう」

そう言いながら、島辺が後ろを振り返った。やはり、まだ武士が気がかりなようだった。

（六）目立ちすぎるとお上から危険人物扱いに？

鍋町の裏長屋に戻ると、相模屋の手代の伊兵衛と、長屋の大家の八兵衛が談笑していた。そばには、お留が出したらしい茶と、八兵衛が持参したらしい菓子があった。

「いや、すごいものです。ほとんどの者が、目がよくなりましてね。みな、竜真先生を神様のように思っております」

八兵衛が感激して言った。

なかでも、目が爛れていた男の子はたちまち目脂（めやに）が出なくなったという。話を聞きながら、会沢竜真は江戸の人々に現代の抗菌目薬がいかに大きな効果を発揮するかを改めて実感した。

「これは、長屋の連中からあずかってきたものです」

風呂敷包みを押し出した。浮世絵の束だったが、八兵衛の目にいたずらっぽい光がある。春画も含まれているに違いない。もしかしたら、これまで伊兵衛とふたりでながめていたのかもしれない。

島辺国広がさっそく包みをほどき、中身を点検しながら、

「ほほう、これはすごいですね」

と、満足そうだった。

台所にいたお留が、遠慮がちに言った。

「あのう、大家さんからいただきました。そのほか、長屋の人がいろいろ持ってきてくれまして」

大きな鉢（はち）には煮魚がはいっていた。そのほか、油揚とヒジキの煮つけや、野菜の煮つけなどもあった。

「ほう、これはありがたいですな」

「いえいえ、お恥ずかしいかぎりです。では、あたくしは、これで」

八兵衛は最後に礼を述べたあと、帰っていく。

続いて伊兵衛も帰り支度をしているのを見て、会沢がもらい物のおかずを示した。

「これだけあっては、三人ではとても食べきれぬ。せっかくだから、夕飯を一緒にどうかね」

ちょっとためらったあと、伊兵衛は嬉しそうに言った。

「さようですか。では、お言葉に甘えまして」

相模屋に帰っても、待っている夕飯は質素である。きょうばかりは、贅沢な夕食が堪能できるというわけだった。

「そうだ、あたくしが酒を買ってまいりましょう。お留、燗の用意を頼むよ」

そう言うなり、伊兵衛がいそいそと出て行く。

豪華な夕食どころか、酒盛りになりそうだった。

夕飯がすみ、伊兵衛が赤い顔をして帰っていったあと、会沢が行灯のそばで日記を書いていると、相模屋の番頭の忠兵衛が現われた。供をしているのは、初めて見る下男で、提灯を手にしていた。

もともとにこやかな男ではないが、忠兵衛の顔は深刻そうだった。

「さきほど、伊兵衛どのが帰りましたが、途中で出会いませんでしたか」

「いえ、会いませんでした。あたくしは別なところに寄ったあと、こちらにうかがったものですから、道が違ったのでございましょう」

そう言いながら、忠兵衛は会沢の前に座った。

「じつは、お願いがございまして。これは、主人の藤左衛門も承知していることでございます」

「何ですかな」

「あたくしどもは呉服屋ですので、お城の大奥や、お大名のお屋敷の奥にも反物を納めることがございます。そんなことから、お女中がたが店にお見えになることもございます。竜真先生と妙薬のことが、どこやらから伝わったようでございますな。きょう、大奥のお女中が相模屋にお越しになり、『ある方のために、薬を処方してほしい』とのことでございまして。あたくしが応対したのですがね」

「目ですかな、痔ですかな」

「おそらく、痔でございましょうな」

「どちらか、よくわからないのですか」

「目だったら、はっきりそう言うはず。ところが、なんとなく口ごもり、処方する相手が誰なのかもはっきりわからないのです。相手が相手なので、こちらから根掘り葉掘り聞くわけにもまいりません。『そのほうらは、あずかり知らなくともよい』と言われたら、それまでですから。しかし妙なのは、言外に『察しをつけよ』と、ほのめかしているようでもありましてね。主人とも相談したのですが、おそらく、公方(くぼう)さまのお部屋さまではなかろうかと」

会沢も息を呑んだ。

公方さまとは、十一代将軍家斉(いえなり)のことである。お部屋さまとは、家斉の側室(そくしつ)のひとりであろう。家斉は好色と精力絶倫で知られ、子供は五十五人いたとも伝わっている。側室の数は多い。

女は出産に際して痔になりがちである。側室のひとりが痔に悩んでいたが、家斉にはもちろんのこと、他の側室にも知られたくない。たまたま、その側室に仕えている女中が妙薬があるとの噂(うわさ)を聞きつけ、さっそく相模屋に打診してきたのではなかろうか。

充分に有り得る話だった。

（いま、将軍家斉は何歳なのだろうか。寵愛の深い側室、お美代の方は、すでに側室になっていただろうか、まだだったかな）

会沢は手元に資料がないのがもどかしかった。

「で、わしに、どうしろと？」

「あす、飛鳥井というお女中にお会いになり、痔の状態を尋ねて妙薬を渡し、その使い方を教えてやっていただきたいのです」

「場所は？」

「お城に出向くわけにはいきませんので。そこで主人と相談して、神社仏閣の境内か門前の茶屋がよかろうと。お女中がたは、寺社の参詣を名目にすると外出しやすいようですから。じつは、その掛け合いに行っていたのです」

話を聞きながら、会沢は冷汗がにじむ思いだった。

できれば断わりたいが、相模屋があいだにはいっているとなると、そうもいかない。了承するしかなかった。

忠兵衛はあすの予定を告げたあと、立ちあがるや、じろりとお留をねめつけた。

台所に座ったお留は、上框に腰をおろした下男と、夢中になって小声で話し込んでいたのだ。おたがい相模屋と長屋の近況を問い、語り合っていたのであろう。

そこに、銭湯に行っていた島辺が下駄の音を響かせ、

「男湯の二階で職人風の男と将棋をしたんですがね、あっさり負けました。現代将棋の方が強い

はずだけどなぁ」

と、ぼやきながら戻ってきた。

島辺の出現がその場の雰囲気を救ったようだった。忠兵衛は出かかった小言を抑え、そのまま帰っていく。


番頭の忠兵衛が帰ったあと、会沢は机に向かいながら、日記の記述は止まったままだった。胸騒ぎがして、とても文章など書けない。

（そろそろ限界だな。早く東京に帰還したほうがいい）

どう考えても、結論はそれしかなかった。

蘭方の名医の評判が広がるのは、ちょっと愉快である。また、持参した現代の薬で江戸の人々を治癒（ちゆ）するのは悪いことではあるまい。人助けをしているのはたしかである。

だが、一方で、頭のなかで警告音が鳴り響いていた。

（このままうまくいくはずがない。どこかで破綻（はたん）をきたすと、それこそ身の破滅になる。自分はともかく、若い島辺を巻き込んではならない）

要するに、評判になり過ぎたのである。

このまま眼病と痔の妙薬の噂が広がると、町奉行所が乗り出してきかねなかった。とにかく、目立つことを取り締まるのが町奉行所である。尾鰭（おひれ）の付いた噂が拡散すると、不審をいだいた町奉行所の同心（どうしん）に会沢と島辺は尋問（じんもん）されるであろう。たとえ善行であっても、前例にないというだけで町奉行所が介入してくるのは、会沢は江戸期の文献を読み込んでいるだけによく知っていた。

その夜、二階で布団に横たわりながら、会沢は島辺に自分の危惧を述べ、最後にこう告げた。

「予定を一日早めて、あさっての四月十二日に東京に帰ろう。本当ならあすにでも帰りたいところだが、あいにく飛鳥井という奥女中に会わねばならぬ。すっぽかして姿を消すと、相模屋の失態になるからな」

「たしかに、そろそろ引きあげる潮時かもしれませんね。両国広小路で投げ飛ばした侍が、ここを嗅（か）ぎつける可能性もありますからね」

「最後に深川に行きたいと思っていたのだが、無理なようだな。きみとの約束を果たせなくて、申し訳ない」

「白い歯の遊女に会えなかったのは残念ですが、仕方ないですね」

風に乗って、三味線の音色が響いて来る。

島辺がぽつりと言った。

「なんとなく物悲しいメロディーですね」

「新内（しんない）流しだな」

「言葉は聞いたことがありますが、くわしくは知りません」

「いわば流しの三味線弾きだな。ふたりで連れ立ち、ああして三味線を弾きながら夜の街を流して歩き、客に呼ばれると、浄瑠璃（じょうるり）のひとつである新内を語る。新内流しは江戸情緒の代表のようなものだ」

「へえ、あれが新内流しですか」

やがて、三味線の音色も聞こえなくなった。

第三章　帰還へ

（一）スタバもあればラブホもあった!?　江戸の茶屋事情

「会沢竜真どののお宿（やど）はこちらか」

入口に立った若い女は髪を椎茸髱（しいたけたぼ）に結い、綿帽子（わたぼうし）をかぶっていた。その髪形から、ひと目で武家屋敷の女中とわかる。後ろに、中間（ちゅうげん）らしき男を従えていた。

路地で診察の順番待ちをしていた男女は遠慮して、みな後ずさりしていた。

台所にいたお留は気圧（けお）されてしまい、何と答えていいのかわからず、おろおろしている。

島辺国広も言葉を失い、ポカンと見つめていた。これまで絵でしか見たことのなかった江戸城大奥（おおおく）の奥女中が、いま目の前に立っているのである。無理もなかった。

会沢が衝立の陰から出て行くと、女中が一礼して言った。

「菊野（きくの）と申します。飛鳥井さまの使いで、お迎えにあがりました」

「はい、少々お待ちを。仕度をしますので」

「では、表の通りに駕籠を用意してございます。そこでお待ちします」

菊野と名乗った女中が去ったあと、会沢が島辺に言った。

「本当はきみを供に連れて行きたいが、それだとせっかく並んで待っている人が気の毒だ。きみは残り、代診してくれ。何人までに限るかも、きみに任せる」

「はい、わかりました。それにしても、美人でしたね。気品があるというのか、貫禄があるというのか」

「あの菊野は、飛鳥井という奥女中のいわば部下だ」

「とすると、上司の飛鳥井はもっと貫禄があるわけですね」

「貫禄は貫禄でも、年のころは五十の肥満体かもしれぬ」

「大奥で体はほとんど動かさず、美食に明け暮れているとしたら、その可能性は大きいですね。デブで厚化粧の大年増か。奥女中にはちょっと興味があったのですが、僕はやはり残ったほうがいいですね。ところで、あの菊野、『会沢竜真どののお宿か』と、妙なことを言っていましたが」

「この時代、『宿』にはいろんな意味があるが、菊野が言った宿は自宅や住居の意味だ。だから、『会沢竜真どののお住まいか』と問うていることになるな」

「へえ、そうだったのですか」

「では、行ってくる」

会沢が路地を歩くと、長屋の住人がみな頭をさげた。

木戸口を出ると、通りにお忍駕籠が二丁待っていた。会沢と菊野が駕籠に乗り込み、出発する。

駕籠に揺られながら、会沢はいま向かっている湯島天神に、かつて親子三人で初詣をしたことを思い出した。ちょうど娘が高校受験をひかえていたことから、合格祈願の絵馬を奉納したもの

茶屋

図①『室町源氏胡蝶のまき』（柳亭種彦著、明治８年）国会図書館蔵

茶屋は茶店ともいうが、多様な業態があった。もっとも簡便なのが、葦簀（よしず）張りの水茶屋である。茶の葉を売る「葉茶屋（はちゃや）」に対し、茶を飲ませることから「水茶屋（みずちゃや）」と呼ばれた。

水茶屋は街道沿いや行楽地、寺社の境内や門前などに多かった。人々は床几（しょうぎ）に腰かけて煙草（たばこ）を一服し、煎茶を飲んだ。さらに団子などを食べることもあった。図①は日よけと目隠しのため、葦簀を張っている。水茶屋は現代の喫茶店に近い。

茶代は十二文が一般的だったが、美人を看板娘にしているような有名な水茶屋では、客の男は祝儀を奮発せざるを得なかった。

図②は、浅草寺の境内にある水茶屋の看板娘である。

図③は、蛍狩りの人々でにぎわう茶屋の三分亭。料理や酒も出し、本格的な料理屋とくらべても遜色ない。この三分亭などは料理茶屋といってよかろう。

奥座敷を設けて、芸者を呼んで宴会をひらくことができる茶屋もあったし、女をかかえてひそかに客を取らせ、実態は女郎屋に近い茶屋すらあった。

そのほか、遊廓の吉原には客を妓楼に案内する引手茶屋があったし、江戸の町のあちこちには現代のラブホテルに相当する男女密会用の出合茶屋があった。

図②『江戸名所百人美女』（歌川豊国・国久、安政4年）国会図書館蔵

図③『咲替葬日記』（墨川亭雪麿著、安政元年）国会図書館蔵

だった。だが、娘と初詣に出かけたのはそれが最後になった。それ以降、娘は初詣に行くときは友達と一緒であり、父親には見向きもしなかった。

「湯島天神も随分、変わっただろうな」

つぶやいたあと、自分が変なことを言ったのに気付いた。変わったという表現は不適切である。現代人から見れば、文政八年の湯島天神は変わったのではなく、元に復したのではあるまいか。

会沢はちょっと頭が混乱してきた。

駕籠が止まったのは湯島天神の門前町だった。駕籠をおりた会沢は通りを見まわし、門前町の繁盛ぶりに驚いた。

通りの両側には茶屋や料理屋、そのほか各種の商家が軒を並べ、行きかう人も多い。まだ昼前だというのに、料理屋の二階座敷からは三味線の音色も聞こえてくる。宴席をもうけている客もいるようだった。

菊野に案内されたのは、葦簀（よしず）張りの水茶屋（みずちゃや）だった。会沢は意外な気がした。門前町にはもっと立派な茶屋があるのに、なぜこんな安っぽい場所にするのか。急に不審がつのる。これは何かの罠（わな）なのではないかと、警戒心も芽生えてきた。

入口の近くに乗物が置かれ、そばで人足（にんそく）が煙管（きせる）をくゆらせていた。乗物は駕籠と同じく人がかつぐが、造りははるかに豪華である。飛鳥井が乗ってきたに違いない。水茶屋の前に乗物。ますます不審がつのる。

だが、菊野の説明を聞いて、疑問が晴れた。

「茶屋は借り切りにしましたので、ほかの客はいません」

会沢がなかにはいると、茶屋の女将らしき女が入口に葦簀を張り巡らせてしまった。臨時休業の体裁である。

床几は五脚あった。その内のひとつに、豪奢な打掛姿の女が腰かけていた。

うながされて、会沢は向かい合った床几に腰をおろした。茶屋女がそばに茶と煙草盆を置くと、黙って去る。いつの間にか菊野も姿を消していた。薄暗い茶屋には、会沢と飛鳥井のふたりきりだった。

目が薄暗さに慣れ、飛鳥井の顔をまともにながめるにおよび、会沢は内心でホウと嘆声を発した。

飛鳥井は予想に反して、年齢は二十代のなかばのようだった。臈たけるという形容が似合う、気品のある美貌で、しかも、お歯黒はしていない。現代のテレビ・映画の時代劇でも、大奥の奥女中を演じる美人女優としてそのまま通用するであろう。いや、その全身から香るような品格は、現代の女優も及ぶまい。会沢はできれば島辺に会わせてやりたかったと思った。

初対面の挨拶をしたあと、飛鳥井が涼やかな声で言った。

「相模屋どのからお聞き及びだと存じますが」

「はい、おおよそ、うかがっております。わしは蘭方医でしてな。患者を診察しなければ、何とも言えませぬ。患者、つまりお悩みの方はどなたですかな」

「わたくしです」

飛鳥井がきっぱりと言った。

若い女の身で、自分は痔疾（じしつ）に悩んでいると男の前で表明したことになる。だが、仕（つか）えている側室の名を秘めるため、いわば身代わりになっているのはあきらかだった。

その凜（りん）とした態度に接すると、会沢も心動くものがあった。ここは芝居に付き合わざるを得ない。

「ほほう、では、症状をうかがいましょうか。どんな具合ですかな。わしは蘭方医ですからな、恥ずかしがらず、正直に述べてくだされ」

飛鳥井が自分の症状として、肛門の状態を説明する。

その明快な説明を聞きながら、会沢は飛鳥井の知性と教養には並々ならぬものがあるのがわかった。しかも、強い意志と度胸のよさも感じさせる。キャリアウーマンという言葉が頭に浮かんだ。現代でもめざましい活躍ができる優秀な人材といえよう。まさに江戸のキャリアウーマンなのかもしれない。

また、飛鳥井の明快な説明から、会沢は痔疾は痔瘻（じろう）と判断した。痔にもいろいろあるが、そのなかでも痔瘻は手術をしない限り完治はむずかしいとされている。

聞き終えたあと、会沢が診断した。

「蘭方でいう、痔瘻ですな。はっきり申し上げましょう。治りませぬ。しかし、症状を改善することはできます」

袱紗包みから座薬を二錠、取り出して示す。

そして、肛門への挿入の仕方を、かなり露骨な表現もまじえて説明した。

飛鳥井はかすかに頬を染め、熱心に聞き入っている。恥ずかしがったり嫌悪したりする様子は微塵もなく、その態度は真摯そのものだった。

「二錠、ございます。一錠はすぐに、もう一錠はまた悪化したときにお使いになるとよろしい」

「はい、承知しました」

袱紗包みごと座薬を渡し、会沢が立ちあがろうとするのを、飛鳥井がとどめた。

「今回は無理なお願いを聞き入れていただき、ありがとう存じました。ついては、何かお望みはございませぬか。江戸であれ長崎であれ、お力になれると存じますが」

「あすには江戸を発つ身ですから、とくに望みは……」

そこまで言って、会沢の頭にひらめいた。

江戸城の大奥には逸品があるかもしれない。面と向かってそんな要求をするのは非礼ではなかろうかと、瞬時ためらった。しかし、これは絶好の、そして最後の機会であろう。会沢は思い切って口に出した。

「長崎のシーボルト先生に江戸土産として張形を贈りたいのですが、思うにまかせず困っておりました。どうにかなりませんでしょうか」

言ったあと、さすがに会沢は相手の表情が気になった。

だが、飛鳥井はいささかも表情を変えない。

「わかりました。シーボルトどのの評判は聞き及んでおります。シーボルトどのに贈るとなれば、それなりの物でなくてはなりますまい。よく打ち明けてくださいました。あす、出立でしたね。では、あすの早朝、お届けしましょう」

飛鳥井はこともなげに言った。

茶屋を出るに際して、菊野がそっと懐紙の包みを手渡した。また、帰りも駕籠に乗るよう勧めてきたが、

「いいえ、まず湯島天神に参詣し、そのあとは、あちこち見物したいものですから」

と、会沢は駕籠を丁重に断わった。

その後、ひとりで門前町の通りを歩きながら、ちょっとわくわくする気がした。

（どれくらい変わったのだろうか。いや、どのくらい昔に復したのだろうか）

表門を通って境内にはいると、現在よりははるかに広かった。しかも、境内には茶屋、料理屋、芝居小屋、揚弓場などがあり、まるで盛り場のにぎわいだった。

まずは拝殿で拝礼し、そのあと、かつて娘が絵馬をぶらさげたのはどのあたりだろうかとさがしたが、まったくわからなかった。

カラコロと音のする方を見ると、振袖を着て、駒下駄を履いた、妖艶なほど美しい若い娘が歩いていた。その前を、若い男が大きく紋を描いた提灯を手にして歩いている。

会沢はひと目見て美人だなと思ったが、その妖艶さにはどこか違和感がある。

（あっ、陰間(かげま)だ）

湯島天神の門前は、芝神明(しばしんめい)前、芳町(よしちょう)と並んで、江戸の三大男色地帯である。陰間が客に呼ばれて、陰間茶屋から境内の料理屋に出向くところであろう。先導するのは、陰間茶屋の若い者に違いない。

とすれば、当初は若くて美しい娘と思ったが、せいぜい十五歳くらいの少年かもしれない。陰間は美少年が好まれるため、十五、六歳が盛(さか)りと言われていた。会沢は島辺に見せてやりたかったと思った。

陰間を見送ったあと、境内を歩いていて、一軒の水茶屋の看板に雑煮(ぞうに)と書いてあるのが目に留まった。

（江戸の雑煮を味わってみるか）

会沢が昼飯を雑煮にしたのは、簡易な水茶屋だったこともある。床几に腰をおろして食べる方が、座敷にあがって座って食べるよりはるかに楽だったからだ。すでに椅子とテーブルで飲食することに慣れた現代人の会沢には、履物を脱いであがり、座敷に座って、じかに畳に置かれた碗(わん)や皿で飲み食いするのは面倒であり、時に苦痛ですらあった。

注文した雑煮が運ばれてきた。黒っぽい汁のなかは餅のほかには、椎茸がはいっているだけだった。汁をすすってみた。やはり落胆は否めない。

（あまりに素朴というのか、質素というのか。これが江戸の雑煮か）

醤油(しょうゆ)味で、しかもかなり塩味が濃い。餅も大きく、東京のスーパーで販売されている物の倍以上はあった。

会沢は亡き妻が作っていた正月の雑煮を思い出した。妻は福岡県の出身だった。そのため、彼女が作る雑煮は博多の味を受け継ぎ、鶏肉と鰤の切り身がはいっていたのだ。当初こそ驚いたが、いつしかそれが会沢家の雑煮の味になっていた。

（女房の雑煮を最後に食べてから、何年になるだろうか）

東京で生活していたとき、亡き妻や海外で暮らす娘のことを思い出すことはほとんどなかった。ところが、いま、湯島天神にいて、この時代には存在していないはずの妻や娘のことがしみじみと思い浮かぶ。不思議な感覚だった。時空を超えることの矛盾と言おうか。やはり、どこかがねじれ、食い違っているはずだった。

頭のなかではいろいろと思いをめぐらせていたが、空腹は理屈抜きに食べ物を受け入れる。いつのまにか会沢は雑煮を完食していた。

勘定をする段になり、さきほど菊野に渡された紙包みに気付いた。そっと調べると、二分金が一粒、一分金が二粒、はいっていた。合わせて一両である。

（よっし、本が買えるぞ）

それまで感傷的な気分になり、やや沈んでいた会沢だが、急に元気が出てきた。長屋に戻る途中の本屋で、可能な限り本を買い込むつもりだった。

表門からはいったときのとは別の鳥居があった。鳥居をくぐってしばらく進むと、坂道になっている。ゆるやかな女坂と、けわしい男坂である。

坂の上まで来て、会沢はその眺望に驚いた。

眼下に不忍池が広がっている。先日、水蓮亭の窓からながめたときはまったく分からなかった光景が、いま目の前にあった。

不忍池の向こうには上野の山があり、木々の緑のあいだに寛永寺の伽藍（がらん）が見えた。

（これが江戸のながめなのか）

不思議な感動だった。

（二）奉公下女は〝消耗品〟？～裏長屋のトイレは中が丸見え

会沢竜真が買い込んだ本をかかえて長屋に戻ると、部屋の中央に文机（ふづくえ）が据えられていた。その文机に向かって、お留が正座し、筆を持っている。右横には、島辺国広があぐらをかいていた。

お留は会沢の姿を見た途端、あわてて筆から手を離し、まるで叱られるのを待つかのようにうつむいた。

島辺が取りなすように言った。

「寺子屋（てらこや）の真似事（まねごと）をしていたのです」

「ほう、手習いか」

「はい、限られた時間ですから、いろはを全部教えるのは無理ですが、せめて、自分の名前くらい書けるようにしてやりたいと思いましてね。

お留ちゃん、書いた字を先生に見てもらいなさい」

「いえ、恥ずかしい」

お留は真っ赤になり、紙を隠そうとする。

それを、島辺が強引に取りあげ、会沢に見せた。そこには、

とめ　トメ　留

と書かれていた。

「ほほう、なかなか筋がいいぞ。いちどきに平仮名、片仮名、漢字の三種が書けるようになったのだから、たいしたものだ。教え方もよかったのかもしれぬな」

会沢は本心から感心し、ほめていたのだが、お留はいたたまれない気持ちなのか、さっと立ちあがるや、手桶を手にして、井戸に水を汲みにいった。

その後ろ姿を見送ったあと、島辺がしみじみとした口調で言った。

「診察と点眼のあと、彼女といろいろ話をしたのですがね。ぽつりと、『手習いをしたい』と言うのです。よくよく聞いてみると、相模屋の丁稚たちは、店の営業を終えたあと、番頭の忠兵衛が師匠役で、いわゆる読み書き算盤を教わっているというのです。しかし、下女の自分は教えてもらえない。丁稚たちが字を教えてもらっているのを見ると、うらやましくてしかたがない、と。

それを聞いて、僕もほろりとしましてね。もっと早くそのことを知っていれば、いろはから教えられたのですが、あすには江戸を去りますからね。そこで、せめて自分の名前くらいは書けるようにしてやりたいと思いましてね」

「そうだったのか。いいことをしたな」

会沢もしみじみと言った。

長年教員をやってきただけに、お留の純粋な向学心を知ると静かな感動を覚える。そんな向学心に応えることこそ、教師の喜びだった。

また、島辺が手本を書いてやり、それを見ながらお留が一心に筆を動かしているさまを想像すると、何ともほほえましかった。しかし、一方で、会沢は一抹の危うさも感じ取っていた。

「あの禿げ頭の忠兵衛も忠兵衛ですよ。女の子にも手習いをさせてやればいいじゃないですか。現代では、とんでもない男女差別ですよ」

島辺が息巻いた。

会沢は苦笑するしかない。

「貧しい庶民の子供はたいてい十一、二歳で奉公に出る。商家に奉公する場合、男の子は丁稚小僧、女の子は下女と相場が決まっている。

男の子は丁稚からスタートし、やがて手代になり、さらに番頭に昇進する。番頭を真面目に務めていると、やがて暖簾分けと称して、自分の店を持たせてもらえる。相模屋の忠兵衛もそのうち暖簾分けで、自分の店を持つようになるだろうな。そうすると、手代の伊兵衛が番頭に昇進するかも知れぬ。つまり、雇う側にとって男の子は人材なのだよ。そのため、将来を見すえて、読み書き算盤の教育をする。

ところが、女の子は違う。下女を数年のあいだ務めているうち、適齢期となり、仲人をする人がいて、たいていは裏長屋に住む貧乏人の女房になる。つまり、雇う側にしてみれば、下女奉公している女の子は数年間の、いわば消耗品なのさ。人材育成の投資などしない。

これを男女差別と言えばそうかもしれないが、時代が違うのだから、仕方があるまいよ。相模屋がとくに差別的なわけではないし、お留だけが差別されているわけでもない」

「そうなんですか」

そう言ったきり、島辺は黙って考え込んでいる。

会沢は下駄を履いて外に出ると、路地の奥の総後架に向かった。

便所はふたつ続きになっているが、両方に人がはいっているのが見えた。戸は半分しかないため、しゃがんでいても顔が半分くらい見えてしまう。

しゃがんでいるのは、ひとりは割長屋に住む屋根葺職人の女房で、まだ二十代である。会沢の存在に気付いているはずだが、いっこうに恥ずかしがる様子はない。ごくありふれた、日常的な光景だった。

もうひとりは二階長屋に住む初老の男で、彫金師だった。居職のため、その住まいからはいつも鏨で金属を刻むコツコツという音が響いていた。

総後架の横の板壁に、男用の小便器が取り付けられている。男は小用の場合、ここで立ったまま放尿する。囲いはないため、当然、通りかかった人には、放尿しているところはおろか、陰茎まで丸見えになってしまう。当初、島辺はかなり抵抗があったようだった。会沢も抵抗がないわけではなかったが、すぐに慣れた。

放尿しながらながめると、顔だけは知っている長屋の女房が手桶に入れてきた生ごみをゴミ捨て場に捨てていた。いっせいに蠅が舞いあがる。ゴミは野菜屑が多いが、なかには魚の骨もまじっていた。ゴミはむき出しで、上から捨てていくだけなので、すべてがまじり合い、胸の悪くなるような異臭を放っている。いったんは舞いあがった蠅の大群が、ふたたびゴミに群がっていた。

井戸端では、ふたりの女が洗い物をしていた。しゃがんで股を広げているため、萌黄色の湯文字どころか、太ももまで露出している。ちょっとかがみこんでのぞけば、まさに「奥の院」まで見えるかもしれない。会沢は昨日の、両国広小路の見世物を思い出し、微苦笑した。

路地を戻りながら、会沢は大小便のたびに総後架まで往復しなければならない面倒を思った。面倒どころか、冬や雨の日の労苦は察するに余りあった。とくに真冬、半扉で寒風が吹きすさぶなか、着物をめくって尻をむき出しにするのはつらいであろう。

現代、江戸の裏長屋は人情があり、住人たちは肩を寄せ合って生きていて、まるで理想社会だったように書いている本すらある。

（江戸ファンの連中も一度、江戸の裏長屋に住んでみればわかろうよ）

そう毒づいたが、会沢はけっして推奨できないのに気付き、またもや苦笑した。

（三）〝江戸の幸福〟と〝東京の幸福〟

会沢竜真が放尿を終えて部屋に戻ってからしばらくすると、相模屋の手代の伊兵衛が現われた。

「ああ、歩き疲れて喉が渇いた。水を一杯、おくれ」

お留がさきほど井戸から汲んできたばかりの水を、柄杓で水甕から茶碗にそそぎ、伊兵衛に渡した。

水を飲みほしたあと、伊兵衛はフ〜ッとため息をついた。そして、島辺国広の方を向いて言った。

「若先生は柔術の達人だったのですか」

「え、何故、そんなことを」

「ご謙遜なさいますな。昨日、両国広小路でお侍を投げ飛ばしたのは、もう大変な評判でございます」

島辺は呆然としている。

会沢も愕然とした。噂が広まるのは無理ないとしても、なぜ島辺の名が知れたのか。しかも、どうしてこれほどすみやかに伊兵衛の耳にはいったのか。急に江戸が空恐ろしくなってきた。

島辺も動揺が隠せない。

「何故、知っているのですか」

「驚かせてしまい、申し訳ありません。つい、勝手にしゃべってしまいました」

伊兵衛は一礼すると、座り直した。

そして、改めて話し始めた。

「あたくしどもの丁稚がきのう本所へ——両国橋を渡って向こう側です——使いに行ったのですが、その帰り、両国広小路をうろついていたのです。どうせ屋台店で買い食いをしていたのでしょうが。騒動がおきたので、遠巻きに見物していたようですな。お侍が娘に乱暴狼藉をしようとしていたところ、若先生が飛び出して行って、そのお侍に刀を抜くいとまもあたえず投げ飛ばし、娘を助けた、と。店に帰って来るや、番頭の忠兵衛さんに告げたのです。忠兵衛さんはすぐに旦那さまに伝えました。それを聞き、旦那さまはこう言ったそうでございまして。

『若先生が人助けをしたのは間違いない。しかし、相手はお武家だ。あとあと、先生と若先生に難儀が及びかねない。先々のことを考え、ここはそのお武家のことを調べておいたほうがよい』

そんないきさつがあり、あたくしが旦那さまに命じられ、きょうは朝から、両国広小路に行き、調べてきたのです。さいわい、かつて相模屋で奉公をしていた男が近くで古着屋をいとなんでおりまして。その男に事情を尋ねたのです。若先生が投げ飛ばしたのは宮崎典膳という、たちの悪いお侍だったようです」

会沢は伊兵衛の話を聞きながら、相模屋の主人である藤左衛門の思慮深さに感心した。

呉服屋だけに武家屋敷へも出入りをする。そんななか、これまで武士の横暴や身勝手に煮え湯を飲まされたことがしばしばあったのであろう。武士との商売では道理が通用しないことも多い。そんな経験を踏まえた、商人らしい用心深さといえようか。

伊兵衛が調べてきた話によると――

会沢と島辺、それに娘と丁稚も姿を消したあとになって武士はようやく息を吹き返したが、ウンウンうなるだけで起きあがることができない。困ったのが、近くの茶店などの店主たちだった。

放っておくと、怪我をした武士を放置しておいたとして、あとで町奉行所からどんな咎めを受けるかしれない。そこで、何人かが手当てをしたところ、「拙者は常陸麻生藩新庄家の家中で、宮崎典膳と申す者。浜町の屋敷に知らせてほしい」と言う。やむなく、代表の者が浜町にある麻生藩の上屋敷に知らせに走った。すぐに藩士と中間が駆けつけてきて、宮崎の面倒を見た者たちにそれなりの謝礼を渡したあと、「この件はくれぐれも内密にな。我らが家名はけっして出してはならぬぞ」と念を押した。そして、宮崎を駕籠に押し込み、立ち去った――と。

「そんなわけで、宮崎典膳という名前が知れたわけですが、それ以前に両国広小路ではけっこう顔が知られていたそうでしてね。というのも、茶店などにはいってもごく物分かりがいいのですが、ちょっとしたことで突然、怒鳴り始めるので、みな気味悪がっていたそうなのです。

そこで、あたくしは浜町にある麻生藩のお上屋敷に行きまして、門番にちょいと金を握らせ、話を聞き出してきたのです。あの連中は金さえつかませれば、何でもしゃべりますから。

門番によると、宮崎典膳さまは陰で『追従武士』と呼ばれていたとか。それくらい世辞がよいわけですね。お追従がうまいというのか。しかし、それでいて、やはりちょっとしたことで突然、激昂するのだそうで、みな、敬遠していたそうです。今回の失態で、国元に帰されるだろうというのがもっぱらの噂ということでした」

聞き終えて会沢は内心、安堵のため息をついた。

島辺も、もう付け狙われることはないと知り、急に元気になった。

「先生、宮崎典膳とやらはサイコパスですかね」

「その一種かもしれんな。私の知っているなかにも、面と向かって歯の浮くようなお世辞を言いながら、何かのきっかけで急にヒステリー状態になる人間がいたな。現代の言葉でいえば、すぐキレるというやつだ」

伊兵衛はふたりのカタカナ語についていけず、ポカンとした顔をしている。オランダ語と思っているに違いない。

島辺が調子に乗って言った。

「ついでに、お教えしておきましょう。わたしが用いた技は柔術ではなく、レスリングといいます。長崎のオランダ人に習ったものでしてね」

「ほう、れすりんぐと言うのですか」

そばで与太話を聞きながら、会沢はふと気になって頭のなかで計算した。

明治元年はいまから四十三年後である。明治維新のとき、伊兵衛がまだ生きている可能性は充分にあった。明治になってから、伊兵衛が古老としてかつての思い出話を語るなかでレスリングに言及したら、それこそ柔道の歴史にも大きな疑念が生じかねない。

会沢は強引に話題をそらした。

「伊兵衛どの、きょうも、長屋の連中からいろいろもらったようなので、夕飯を一緒にどうかね」

「ありがたいお言葉ですが、旦那さまに早くお知らせしなければなりませんので」

ここにいたり、自分が途中で油を売ってしまったことに気付いたようだ。あわてて帰り支度を始めた。

そんな伊兵衛に、会沢が声をかけた。

「あすは、ちと用事があるので、昼飯の前に来てもらえぬか」

「はい、かしこまりました」

伊兵衛が急いで相模屋に帰っていく。


その夜も新内流しのせつなく、忍び泣くような三味線の音色が遠く近く、響いてきた。

三味線の音色に応じるかのように、犬が遠吠えをしていた。

「先生、寝ましたか」

島辺国広が暗闇のなかで言った。

行灯を吹き消してからかなり時間がたっていたが、会沢竜真もまだ目がさえていた。

「いや、寝てはいない。いよいよあす、江戸を去るかと思うと、何だか寝付かれなくてね」

「あす、相模屋に挨拶に行くのですか」

「私も考えたのだが、なまじ挨拶に出向くと、藤左衛門のことだから送別の宴や、見送りの手配をするであろう。また、途中までの荷物持ちに下男をつけてくれるかもしれぬ。それがいちばん困るからな。ここは礼を失することになるが、黙って去ろう」

「でも、みながかえって心配するのではないですか」

「私が手紙を書き、置手紙にして去ろうかとも思ったのだが、それではお留がひとりで取り残され、かわいそうだ。だから、伊兵衛に急に出立しなければならない事情ができたと話そう」

「なるほど、それで昼前に来てくれと言ったのですね」

「あすは、患者はすべて断わってくれよ。それと、さきほど調べたら、座薬が二錠、残っていた。これは伊兵衛に託して、藤左衛門に渡そうと思っている。せめてものお礼だ」

「わかりました。ところで、お留ちゃんのことですがね。東京に連れて行こうかと思うのですが、駄目ですか」

会沢は内心、「ついにきたか」とつぶやいた。さきほど感じた危うさはけっして杞憂ではなかった。ここは慎重に説得しなければならない。言葉を選びながら、見えない相手に静かに語りかけた。

「きみの気持ちは、わからんではない。私も若かったら、彼女を現代に連れて行き、しあわせにしてやりたいと思っただろうな。しかし、冷静に考えてみよう。お留は十四歳ということだが、この時代の数え年だ。現代の満年齢だと十三歳。誕生日によっては、十二歳ということもありうる。

もちろん、この時代、十四歳で嫁入りする女の子は珍しくない。また、吉原の妓楼では、禿として育てられた女の子は十四歳くらいで正式に遊女となり、客を取り始める。この時代ではごく普通のことだし、女のほうも当たり前と思い、疑問をいだいてはいない。

しかし、現代では、十八歳未満の女との性交渉は淫行条例違反になるのは知っているだろう。まして、相手が十三歳や十二歳となれば、非道な行為として社会的に糾弾されるだろうな。そんな事態にでもなれば、きみはもちろんのこと、しあわせにしたいと願ったお留も悲劇だぞ。

ここは、黙って去った方がいい。

いずれ、おそらく今年中か、来年あたり、仲人をする人がいて、彼女は嫁に行くだろうな。気立てがよく、聡明で、働き者の子だから、きっと良縁にめぐまれるであろうよ。亭主になる男が善良で勤勉なのを祈ろう。それが、この時代のお留の幸福なのだよ。

ただし、きみがあくまで彼女をえらび、江戸に残るという選択肢もある。私はきみの意思を尊重するよ。もし江戸に残るのであれば、あすの予定を変更し、私から相模屋の藤左衛門に頼んでみてもよい。きみが江戸で所帯を持ち、生活が成り立つ手段が何か見つかるはずだ。

即答しなくてもいい。あすの朝まで、ひと晩ある。あしたの朝、きみの決意を聞かせてくれ。それによって、私はいかようにもするぞ」

島辺は無言のままである。

会沢は、島辺が歯を喰いしばって泣いているのかもしれないと思った。

（四）今も昔も東京湾はゴミ埋め立て地？～甘酒の別れ

空はどんよりと曇っている。そんな空模様を見て、会沢竜真は焦りを感じた。雨が降り出す前に小屋にたどり着きたかった。

朝食のあと、島辺国広は黙々と荷造りをしている。会沢はとくに声はかけなかった。すでに島辺の意思はあきらかである。

そんなふたりをちらちら見ながら、お留は不安そうだった。敏感に異変を感じ取っているらしい。

路地の足音が止まった。入口の腰高障子(こしだかしょうじ)はあけているので、誰が来たのかはすぐにわかる。昨日の菊野だった。やはり、中間を従えている。

土間にはいってきた菊野は、丁重に腰を折った。

「飛鳥井さまは大変お喜びでした。妙薬を用いたところ、何と、たちどころに痛みが消えたのでございます。非常に感心され、奥医師に推挙してもよいと申されておりますが、江戸にとどまるおつもりはございませんか」

会沢は、奥医師に推挙してもよいと言ったのは、飛鳥井が仕えている側室であろうと思った。将軍家斉の側室ともなれば、それくらいの発言力はあろう。ともあれ、側室の痔疾の状態は劇的に改善したのである。

「お言葉はありがたいのですが、どうしても出立せねばなりませぬ。しかも、早急にです。くわしくは申せませぬが、主命(しゅめい)でしてな」

「さようですか。主命とあらば、致し方ございませぬ。飛鳥井さまには、そのようにお伝えしておきます。お約束の品を持参しました。

こちらへ」

振り向き、背後の中間に命じた。

中間が細長い風呂敷包みを上框に置いた。

「どうぞ、お改めください」

そううながされても、まさか菊野やお留が見ている前で張形を取り出す度胸はない。会沢は大仰に風呂敷包みを押しいただいたあと、言った。

「改めるまでもありません。ありがたく頂戴いたします。戻られたら、こうお伝えください。

『年が年だけに、これまで多くのお女中を見てきましたが、そのなかで飛鳥井どのは第一等のお女中と感じ入りました』

と。いや、老人の世迷い事と思ったら、伝えなくてもよろしい」

会沢があわてて言い添えた。

菊野は婉然とほほえんだ。

「必ずお伝えします」

部屋のなかをざっとながめ、荷造りが進んでいるのを見て、会沢の江戸出立を確信したようだった。

「お取込み中のところ、お邪魔したようで申し訳ございません。では、これで引き揚げますが、長崎へお戻りは東海道ですか、中山道ですか」

さりげなく、菊野が尋ねた。

飛鳥井の意向を受けた質問であろう。その影響力を幕府の役人に行使して、飛鳥井は会沢に街道の宿場で最大限の便宜を図ろうとしているに違いない。

会沢は冷汗が出る思いだった。

「じつは、そのあたりも、主命がありましてな。はっきり申しあげられないのです。申し訳ない」

「さようですか。では、わたくしはこれで」

菊野は主命に納得したようで、一礼して帰っていく。

さっそく島辺が言った。

「主命と言えば、あっさり引きさがりましたね」

「この時代、忠孝(ちゅうこう)は最大の徳目だからな。忠は主人への忠義、孝は親孝行。主命は主人の命令だから、まさに忠。忠孝をダシにすれば、たいていのことは押し通せる」

それにしても、会沢が誰に仕(つか)えているのか、飛鳥井には謎(なぞ)となって残るであろう。嘘(うそ)で彼女を翻弄(ほんろう)することに、会沢は胸にかすかな痛みを覚えた。

「中身を見てみましょう」

島辺が風呂敷を解くと、細長い桐(きり)の箱が現われた。蓋(ふた)をはずすと、鼈甲製の張形が収められていた。全長は十七センチほどで、鼈甲独特のぬめるような、つややかさがある。

会沢は意外と小さいなと感じた。しかし、すぐに自分の誤解に気付いた。春画では陰茎も張形も巨大に描かれている。春画の誇張に慣れてしまっていたのだ。

島辺はそっと指で押し、

「この弾力は、勃起(ぼっき)したときのペニスそのままですよ。うむ、これはすごい」

と、嘆声を発した。

つられて、会沢も指先でそっと押してみた。

「これまで春画で見たことはあったが、私も現物を見るのは、まして手で触れてみるのは初めてだ」

「四ツ目屋は三両から四両と言っていましたが」

「これは買ったというより、献上された品であろう。となると、江戸の名工が細工した逸品であろうな。四両どころではないぞ」

「家斉の側室や奥女中が使っていたのですかね」

「話としてはそのほうが面白いが、どうだろうな。張形を見ても、箱を見ても、頻繁に使用していた形跡はない。おそらく、観賞用の工芸品だろうな。もちろん、使おうと思えば、使えるだろうがね。使用するときは、なかに湯にひたした綿を詰めるという。いわゆる人肌を実現するわけだな」

「箱書きがあると最高なんですがね」

「どんな箱書きだ」

「江戸城大奥御用達、そして職人の名前ですね」

それを聞き、会沢も吹き出した。

ふたりが張形談義をしていると、外で声がした。

「甘い、甘い、甘酒ぇー」

行商の甘酒売りが長屋の路地にはいって来たのだ。

声を聞きつけて、さっそく長屋の女房が茶碗を持って飛び出していく。

「おい、おい、甘酒屋さん」

それまで不安そうに打ち沈んでいたお留が、路地に目を走らせた。その目には羨望の色がある。しかし、すぐにお留はうつむいた。

そんなお留を見て、会沢はいじらしくなった。間もなく別れである。三人で最後に甘酒を飲めば、彼女にとって思い出になるのではあるまいか。

「ちょうどいい、甘酒を飲もう」

「僕は甘酒は好きじゃないので、遠慮しておきます」

「水盃の代わりだ」

「あ、なるほど」

島辺もすぐに理解した。

会沢がお留に声をかけた。

「甘酒を買ってきておくれ。三杯だぞ」

「へい」

お留の顔が輝いた。いそいそと湯呑茶碗を取り出し、盆に載せる。

島辺も立ちあがり、お留のあとに続く。

「金は僕が払いましょう」

甘酒屋は、路地の奥の井戸の近くに荷をおろしていた。炭火で釜の甘酒を温めている。

甘酒売り

図①は、通りかかった甘酒売りの男を呼び止め、女の子が盆に茶碗ふたつをのせて持参したところである。

当時は簡便な使い捨ての容器などないため、買う側が茶碗などを持参し、入れてもらうのが一般的だった。

場所は裏長屋の路地であろう。料金は、茶碗一杯が八文だった。

甘酒売りの行商人はこのように、裏長屋の路地までまわってきた。

甘酒は、糯米（もちごめ）を蒸すか、粳米（うるちまい）を飯に炊き、少しさましてから米麹（こめこうじ）を加えて混ぜて保温し、一昼夜ほどして澱粉（でんぷん）が糖化して甘くなったところで飲む。発酵する前なので、アルコール分はない。

江戸では甘酒売りは明和（一七六四～七二、十代将軍家治（いえはる）のとき）のころまで冬の商売だったが、その後は季節に関係なく、町をまわるようになった。

火種を置いた箱に真鍮（しんちゅう）製、あるいは鉄製の釜を半分まで入れ、その箱を天秤でかつぐ。箱のなかの炭火で釜を熱していた。

当時、砂糖は高価で庶民は滅多に使えないので、人々は甘さに飢えていた。そのために、甘酒の人気は高かった。とくに、女にとって最大の嗜好品（しこうひん）だった。

図①『**春の文かしくの草紙**』（山東京山著、嘉永６年）国会図書館蔵

図②の甘酒屋は、簡易とはいえ店舗である。絵の右下に床几（しょうぎ）が見えるので、客はこの床几に腰をおろして甘酒を飲む。甘酒茶屋といえるかもしれない。

図②『**宝船桂帆柱**』（十返舎一九著、文政10年）国会図書館蔵

一度に三杯の注文を受け、甘酒屋は顔をほころばせた。柄杓で、お留がささげ持った盆の上の三つの茶碗に甘酒をそそぐ。ほのかな甘い香りがただよう。

ちょうどそこに、天秤棒で肥桶をかつぎ、手に肥柄杓を持った下掃除人がやってきた。総後架の汲み取りに来たのだ。

甘酒屋の男は眉をひそめた。すぐそばで便所の汲み取りをされたのでは商売にならない。

それにとどめをさすかのように、今度は天秤棒で畚をかつぎ、熊手を手にした芥取請負人が路地にはいってきた。ゴミ捨て場のゴミの回収にきたのだ。芥取請負人は町内の雇いで、定期的にまわってきてゴミを回収していく。

島辺から合わせて二十四文を受け取ると、甘酒屋は長屋に見切りをつけ、荷を肩でかつぐと、逃げるように路地から表通りに出て行く。そばで汲み取りとゴミ回収をやられては、とても商売は無理だった。

ふたりが部屋に戻り、さっそく三人で甘酒を飲む。

口に含むや、お留が目を細め、うっとりしたように言った。

「ああ、甘い。おいしい」

「うん、うまいな」

島辺も同調したが、その声はうるんでいた。

そこに、強烈な異臭がただよってきた。

汲み取り便所やゴミ捨て場のにおいにはある程度慣れていたが、やはり肥柄杓で糞尿をかきまわし、肥桶にそそぐときの悪臭は格別だった。また、堆積したゴミを熊手ですくい、畚に入れるときの悪臭も格別である。ふたつの悪臭がまじり合って路地をただよい、容赦なく部屋のなかに侵入してくる。入口の腰高障子を閉めても、ほとんど防臭効果はあるまい。

そんななかで、三人は甘酒を賞味しているのである。

会沢は、これこそ江戸の裏長屋の生活なのだと思った。

顔をしかめながら、島辺が言った。

「汲み取られた糞尿は農村に運ばれ、田畑の下肥として利用されるのは先日、聞きましたが、ゴミはどうなんですか。どこに運ばれていくのでしょう？」

「江戸の各地で回収されたゴミは、掘割などに停泊した舟に積み込まれる。ゴミを積んだ舟は深川沖に向かい、海岸線の埋め立てに用いられる。現在の江東区のかなりの部分は、この時代、ゴミの埋め立てで造成された」

「じゃあ、東京湾をゴミで埋め立てているという意味では、現代と同じじゃないですか」

「正確には、現代は江戸時代と同じ、だな」

「あっ、そうですね。何だかややこしいな」

お留は黙って聞いている。聡明なだけに、ふたりの会話にすでにたんに難解なだけではない、異質なものを感じ取っているはずである。会沢と島辺が去ったあと、お留はふたりをどう考え、そしてどう自分を納得させるのだろうか。会沢は彼女に対し、申し訳ない気持ちになってくる。

（いま十四歳ということは、お留は明治元年に五十七歳か。元気で明治維新を迎えてくれよ）

ひそかに会沢は祈った。

そこに、伊兵衛が現われた。

「思わず鼻をつまみたくなりますね。においを消しに線香をともしたほうが……」

途中で言葉が止まった。

荷物がまとめられ、大風呂敷に包まれているのを見て、瞬時に察したようだった。

「えっ、先生と若先生は、まさか……」

伊兵衛は土間に棒立ちになり、絶句している。

会沢が伊兵衛に、急に出立しなければならなくなった理由を説明し始めた。もちろん、理由は主命とした。

そばで、島辺はぽろぽろ涙を流している。

お留は着物の袖を口に当て、嗚咽（おえつ）をこらえていた。

間もなく、五泊六日のタイムトラベルが終わる。

エピローグ　東京

「江戸でいえば、何(な)ン時(どき)でしょうね」

島辺国広が歩きながら腕時計に目をやった。早くもTシャツにジーンズという、夏の服装だった。

対照的にスーツにネクタイ姿の会沢竜真は、ちらと西の空を見あげた。建ち並ぶビルの隙間からのぞく空が、夕焼けでかすかに赤く染まっている。

「暮(くれ)六ツ前だから、七ツ半てとこかな」

東京に帰還してからおよそ一カ月が経過していた。

ふたりとも帽子をかぶっている。剃(そ)っていた髪がのびる途中で、もっともむさくるしい状態になっていたのだ。きょう、古文書(こもんじょ)解読講座の休憩時間、喫煙室で顔を合わせたとき、授業の終了後、神保町の書店で待ち合わせることにした。そして、書店で落ち合ったあと、近くの居酒屋に向かっているところだった。

「もう、やってますね。ここにしましょう」

すでに営業中なのを見て、島辺がさっさと店をきめた。

テーブルに落ち着き、注文をすませたあと、さっそく島辺が言った。

「時差ぼけはよく聞きますけど、時空ぼけもあるのですかね。僕は東京に戻ったあと二、三日、何となく体調が変でした」

「時空ぼけは、うまい表現だな。たしかに、私も一週間くらい、心身ともに普通ではなかったな。回復まできみより長くかかったのは、年齢のせいだろうけどね」

「ところで、浮世絵は売れましたか」

「少しずつ売っているが、おそらく準備にかかった費用は取り戻せるだろうな。もし利益が出たら、きみと折半しよう」

「それは嬉しいですね。ところで、持ち帰った春画を本にするのを企画していたのですが、無理ですね。いま、春画集はたくさん出ていますから。十枚程度の春画では、とても一冊にするのは無理。性具にしても、張形ひとつでは本にはなりませんからね」

「江戸城大奥から手に入れたと証明することもできないからな。けっきょく、ふたりの思い出の品だな」

そこに、注文した料理が届いた。

改めて、ビールで乾杯する。

「先生は克明にメモをしていましたが、本にするつもりですか」

「江戸旅行の紀行文としてまとめているところだ。しかし、発表する予定はない。きみの管理する家の時空を超えるトンネルは突然、生まれた。ということは、前触れもなく閉じる可能性もある。トンネルが閉じた時点で、発表するつもりだ。ただし、でっちあげと思われるだろうな。いわゆる『とんでも本』あつかいをされ、まともに相手にしてもらえない可能性が強いがね。ともあれ、私が死んだら、原稿はきみに託すつもりだ。もし発表できる時期がきたら、発表してくれ」

「わかりました。ところで、東京に戻ってからつくづく考えたのですが、『江戸はゆたかで、自由で清潔だった』式の江戸美化や江戸賛美が思い込みにすぎないのはもちろんですが、逆に江戸はひどい暗黒時代だったというのも正しくないと思うのですよ。

僕らが経験したのは文政八年の江戸ですが、江戸時代の初期からするとおよそ二百二十年を経て、やはり庶民の生活水準は向上し、衛生状態も改善されていたはずですよね。たとえば、文政八年の江戸の人間が平安時代の京都にタイムスリップすれば、人々の貧しさや不衛生に愕然（がくぜん）とするのではないでしょうか」

「その通りだね。我々が平安時代をイメージするときに元になっているのは、『源氏物語』や『枕草子』などの文学作品だ。描かれているのはあくまで貴族階級の生活だからな。京都の庶民の生活水準は、江戸の庶民から見ても悲惨だったろうな。けっきょく、何と比較するかだと思うね。

江戸時代は現代と比較するとはるかに貧しく、不便で、不衛生で、身分や男女による差別が横行している社会だった。しかし、それ以前の江戸初期や戦国時代と比較すると、いろんな点ではるかに改善された社会だったはずだ。

さらに、同時代のヨーロッパや中国と比較しても、けっして圧政にしいたげられた過酷な社会だったわけではないし、文化的におくれていたわけでもない。一例を挙げると、都市で膨大に発生する糞尿（ふんにょう）の処理の点では、わが国の方がはるかに進んでいた。ヨーロッパ諸国では農村に運んで下肥として利用するシステムがなかったため、糞尿はまったくの厄介物であり、パリでは窓から街路に糞尿を投げ捨て、まさに厄介払いをしていたのは有名だな。夜、街を歩いていて、頭から糞尿を浴びせかけられたという逸話がたくさんある。北京でも、街路に糞尿を投げ捨てていた」

「汲み取り便所や、汲み取りと運搬のときの悪臭には閉口しますが、たしかに窓から道路に投げ捨てるのよりは、はるかにましですよね」

「それはそうと、きみはもう一度、江戸にタイムスリップしたいと思っているのか」

「そこなんですよねぇ」

島辺がため息をついた。

ふと気になり、会沢が言った。

「お留のことか」

「いえ、それはもう、ありません。あれは若気の至りといいましょうか。若気というほど僕も若くはないですけどね。ともかく、もう目が覚めました。冷静に考えると、やはり十四歳の女の子と結婚するわけにはいきませんよ。もう、彼女の話はよしましょう」

島辺はやや顔を赤らめている。

会沢はひそかに安堵のため息をついた。いったん東京に戻ったことで、良識ある判断ができるようになったらしい。

口調を改め、島辺が言った。

「彼女は別として、時々、江戸をなつかしく思い出すのですよ」

「じつは、私もそうなんだ。考えてみると、江戸で出会った人々はみな我々の先祖だからな。日本列島に人間が定住したときからの長い歴史からすると、およそ二百年前はごくごく近い先祖だ。せいぜい五、六世代前だろうな。人類の歴史からすると、ほんのきのうといってもよいくらいの近さだからな」

「なつかしいと同時に、僕は江戸の遊女を体験できなかったのが残念でしてね。いまになって、せっかくの機会を逃したのが何とも悔しいといいましょうか。そのほかにも、やり残したことがたくさんあるような気がしてならないのです」

「では、今度は女郎買いを目的にして、江戸に行ってみるかね。ただし、私は遠慮しておくが」

会沢が冗談めかして言った。

ところが、島辺は真剣そのものである。

「え、どうして先生は行かないのですか」

「べつに女郎買いに反対しているわけではないよ。じつは、先日、病院で検査を受けてね。体調不良は時空ぼけのせいだけではなかったようだ」

「検査と言いますと」

島辺が深刻な表情になった。

会沢が笑った。

「心配しないでくれ。年をとれば、誰しもあることだよ。こんな状態で江戸に行けば、きみに迷惑をかけることになりかねないからな」

「そうなんですか。先生は行かないんですか」

「次は、きみひとりでも大丈夫だろう。ただし、蘭方医(らんぽうい)の弟子はもう通用しないぞ。あらたな身分を作らねばなるまい。そうだな……、今度は浪人に扮するのはどうかね。一番便利なのは、月代(さかやき)をしなくてすむことだ。月代をのばした、いわゆる五分(ごぶ)月代という髪形でいいからな。名前も島辺国広で通用するだろう」

「五分月代は昔、レンタルで映画の『用心棒』と『椿三十郎(つばきさんじゅうろう)』を観ました。浪人役の三船敏郎(みふねとしろう)がしていた髪形ですね。あれだったら、わりと簡単に真似(まね)できますよね。そうか、腰に両刀を差した浪人か。信州浪人島辺国広。うん、いいですねぇ」

島辺はもうその気になっているようだ。

用心棒と椿三十郎の姿を脳裏に思い浮かべているのかもしれない。

そのとき、島辺の目が輝いた。何やら思いついたようだ。

「今度は、武者修行をしてみようかと思うのですが」

「武者修行だって」

さすがに会沢も啞然(あぜん)とした。

ところが、島辺は大真面目(おおまじめ)である。

「両国広小路で侍を投げ飛ばして、僕は現代柔道に自信が持てたのですよ。高校のときは剣道部で、いちおう段位も取りましたからね。江戸には剣術道場や柔術道場がたくさんあったようですね。それらの道場を訪ねて、他流試合を申し込むのです。どうです？　現代柔道対柔術、現代剣道対剣術。これは面白いですよ。最近、海外のテレビのドキュメント番組をＮＨＫでやっていて、それを観たのですがね。現代のスポーツ選手が往年の装備や道具でプレーをしたら、往年の名選手の記録を超えられるかという実験です。短距離離走、自転車、カヌー、スピードスケートなど、いわば時空を超えた仮想対決ですね。ところが、僕は時空を超えた実際の対決をするわけです」

身を乗り出して力説するのを見ていると、会沢もこの場で反対はできなかった。

それどころか、内心では面白いと感じていたのだ。たしかに、わくわくするものがあった。「柔道とレスリング、どちらが強いか。剣道とフェンシング、どちらが強いか」式の、異種格闘技対決といおうか。

いや、正確に定義すると、同時代異種格闘技対決ではなく、異時代同種格闘技対決と称すべきであろう。つまり、江戸時代の剣術と現代の剣道と、どちらが強いか。

興味深い対決である。ただし、時空を超えるだけに、危険も大きい。

「私も協力は惜しまないよ。もし、本当にその気になれば、相談に来なさい。力になるよ」

「はい、いずれ、お宅にうかがうかもしれません」

島辺はすっかりその気になっている。

それにしても、前回以上に周到な準備が必要であろう。

会沢は島辺のために、江戸の道場事情を調べるつもりだった。これで当面、退屈することはなさそうである。

あとがき

現代の人間がタイムスリップし、江戸にタイムトラベルをすることは可能であろうか。

最新の物理学によると、時間と空間を過去にさかのぼることはけっして不可能ではないという。ただし、それはあくまで素粒子のレベルである。生身の人間が江戸にタイムスリップできる可能性は、やはりゼロに近いであろう。

だが、タイムスリップやタイムトラベルなど不可能と断言してしまっては話が進まないので、ここは強引に、可能であると仮定しよう。

そこで、質問である。

「もしタイムスリップできるとしたら、いつの時代の、どこに行ってみたいですか？」

この問いかけには、ほとんどの日本人が「江戸時代の江戸」と答えるであろう。筆者もまったく同感である。

では、ある日、ちょっとした日常の狂いがきっかけでタイムスリップが実現したとしたら、どうなるであろうか。

たとえば、夏の休日、あなたがTシャツにジーンズ、足元はスニーカー、帽子をかぶり、肩からバッグをかけ、耳たぶにはピアス、サングラスをかけ、片手にはスマホを持つといういでたちで東京の街を歩いていて、思いがけない事故がきっかけで突然、江戸の町にタイムスリップしたとしよう。

あなたが東京に生還できないのは確実である。怪しいやつとして、町の自身番に召し捕られるからだ。

たまたま花火大会に行く途中で、浴衣(ゆかた)に下駄の姿だったとしよう。そうすれば、江戸の町で人々のなかに紛(まぎ)れ込むのに成功するかもしれないが、その後、生活ができない。というのも、あなたの財布のなかにはいっていた現金もクレジットカードも、江戸ではいっさい使えないからだ。屋台の蕎麦(そば)すら、すすることができないのである。

身動きがとれないとは、まさにこのことであろう。

つまり、前触れもなく現代の街から江戸の街に放り出されたら、現代人はとうてい生きていけない。

「では、どうしたら、江戸でやっていけるか。一年とはいわない。一カ月ともいわない。せめて一週間、江戸の生活を楽しむには、どうすればよいだろうか」

こうした疑問に対し、その方策について考えることが本書の出発点だった。

一種の仮想実験をしてみたといおうか。

その結果が、この小説となった。

さて、近年の江戸ブームのなかで、「江戸はゆたかで、自由で、清潔だった」式の、江戸を美化する傾向が目立つ。江戸は理想の社会だったように書いた本すらある。

しかし、江戸期の史料を数多く読んできた筆者にはとうてい信じられない。

やはり現代とくらべると、江戸は貧しく、不便で、不潔だった。身分制や諸制度も過酷だった。

もしタイムスリップし、江戸の町で一週間生活したら、幻滅することや落胆することは多いであろう。

かといって、筆者が江戸を嫌悪しているかというと、そんなことはない。むしろ正反対であり、江戸は大好きである。もしタイムスリップできるなら、やはり江戸に行ってみたい。

種々の幻滅や落胆はあるとしても、江戸はそれを上まわる魅力に満ちていると思うからだ。

もし、本書で島辺国広が発見したような時空を超える穴――ワームホールが本当に見つかれば、筆者と一緒に江戸にタイムスリップしてみませんか？

筆者は会沢竜真ほどではないにしても、江戸でどうにかやっていけるだけの知識は持ち合わせているつもりである。

永井義男

主要参考文献

笹間良彦『復元 江戸生活図鑑』柏書房
若尾俊平編著『図録 古文書入門事典』柏書房
松下幸子『図説 江戸料理事典』柏書房
小野武雄編著『江戸物価事典』展望社
明田鉄男『近世事件史年表』雄山閣
原田伴彦『道中記の旅』芸艸堂
三谷一馬『江戸商売図絵』中公文庫
篠田鉱造『増補 幕末百話』岩波文庫
立川昭二『江戸 病草紙』ちくま学芸文庫
ジーボルト著　斎藤信訳『江戸参府紀行』東洋文庫
竹内誠監修『お江戸の歩き方』学習研究社
ポーラ文化研究所・たばこと塩の博物館編『粧いの文化史』ポーラ文化研究所
加藤興三郎編『日本陰陽暦日対照表』ニットー
原田実『江戸しぐさの正体』星海社新書
永井義男『江戸の糞尿学』作品社
永井義男『図説 吉原事典』朝日文庫
永井義男『下級武士の日記でみる江戸の「性」と「食」』河出書房新社
永井義男『本当はブラックな江戸時代』辰巳出版
『近世風俗志㈠（守貞謾稿）』岩波文庫
『浮世風呂』新日本古典文学大系第1期63　岩波書店
『浮世床』日本古典文学全集47　小学館
『新訂江戸名所図会』ちくま学芸文庫
『東武日記』日本都市生活史料集成第二巻　学習研究社
『町屋と町人　ピクトリアル江戸3』学習研究社

不便ですてきな江戸の町

2018年5月5日　第1刷発行

著者
永井義男

発行者
富澤凡子

発行所
柏書房株式会社
東京都文京区本郷2-15-13（〒113-0033）
電話（03）3830-1891［営業］
（03）3830-1894［編集］

装丁
藤塚尚子（e to kumi）

DTP
株式会社明昌堂

印刷
壮光舎印刷株式会社

製本
株式会社ブックアート

ISBN978-4-7601-4982-7